KB202181

보노보
혁명

유병선은 강원도 강릉에서 태어나 정선에서 초등학교와 중학교를 마치고 춘천고등학교를 거쳐 1985년 서울대학교 동양사학과를 졸업했다. 《일요신문》《평화신문》《경향신문》의 편집부, 국제부, 경제부 기자 및 국제부장을 지냈으며 《경향신문》 논설위원을 역임했다. 저서로 『밀레니엄 키워드.com』(2000) 『보노보 혁명』(2007) 『보노보 은행』(2013, 공저) 등이 있다.

보노보 혁명

2007년 12월 27일 초판 1쇄 발행
2022년 3월 2일 초판 10쇄 발행

지은이 유병선
펴낸곳 부키(주)
펴낸이 박윤우
등록일 2012년 9월 27일
등록번호 제312-2012-000045호
주소 03785 서울 서대문구 신촌로3길 15 산성빌딩 6층
전화 02) 325-0846
팩스 02) 3141-4066
홈페이지 www.bookie.co.kr
이메일 webmaster@bookie.co.kr
제작대행 올인피앤비 bobys1@nate.com
ISBN 978-89-6051-022-7 03320

책값은 뒤표지에 있습니다.
잘못된 책은 구입하신 서점에서 바꿔 드립니다.

* 이 책은 삼성언론재단의 지원을 받아 저술·출판되었습니다.

보노보
혁명

제4섹터, 사회적 기업의 아름다운 반란

유병선 지음

부·키

차 례

1장 아름다운 반란, 사회적 기업가

2장 세상을 바꾸는 '보노보 기업'

3장　세상의 난제에 도전하는 사회적 벤처 ——

4장　사회적 기업의 신 생태계, 제4섹터 ——

3년 전 우연히 인터넷에서 '사회적 기업가'라는 말을 발견했다. 풀썩 웃음이 나왔다. 단어의 조합이 어색하고 서걱거리기도 했거니와 그 단어 뒤에 따르는 '더 나은 세상'이란 그들의 모토가 나로 하여금 실소를 자아 낸 것이다. 날로 살벌해져 가는 경쟁 사회에서 그런 치기 어린 꿈을 꾸는 사람들이 있다는 게 조금 가소롭게 느껴지기까지 했다. 그런데 그게 아니었다. 그들과의 첫 접속은 시큰둥한 호기심에서였지만, 비딱했던 자세를 고쳐 앉기까지는 그리 오랜 시간이 걸리지 않았다. 접속은 또 다른 접속으로 이어졌고, 나는 지금껏 몰랐던(정확하게는 알려고 하지 않았던) 사회적 기업가들의 신세계로 빠져 들었다.

그들은 '더 나은 세상'으로의 꿈을 앨범 속 빛바랜 스틸 사진이 아니라 생동하는 라이브 동영상으로 보여 줬다. 그들에게 각별한 고마움을 전하는 바이다. 그들은 내게 희망은 행동의 동기가 아니라 결과라는 사실, 희망은 버리고 말고 하는 것이 아니라 총량을 늘릴 수 있는가 없는가의 문제임을 새삼 일깨워 주었다. 더욱이 이 책의 집필 과정에서 그들은 이메일 인터뷰와 사진 및 기타 자료 제공 등 취재 협조를 아끼지 않았다.

외려 우리나라를 비롯해 세계 구석구석에서 조용히 세상을 바꾸고 있는 더 많은 사회적 기업가들의 이야기를 이 책에 담지 못한 것을 자책할 따름이다.

책이 나오기까지 널리 큰 도움을 받았다. 삼성언론재단의 저술 지원이 없었다면 감히 엄두를 내지 못했을 것이다.『경향신문』논설위원실은 물론 편집국 선후배, 동료들의 격려와 배려 덕분에 이만큼이라도 책으로 묶어 낼 수 있었다. 여러 달 하숙생 같은 남편이자 아빠를 이해해 준 아내 강희정과 동주, 하윤, 그리고 늘 따뜻하고 든든한 울타리가 되어 주시는 장인, 장모께 말로 다할 수 없는 고마움을 전한다.

그리고 일곱 남매 키워 내느라 이젠 작고 가벼워진 어머니에게 그 몹쓸 머릿속 지우개가 쓸고 지나가지 않은 곳이 남아, 막내의 이 못난 책 한 권 놓일 수만 있다면 참 좋겠다.

2007년 12월 14일

유병선

보노보 혁명

"보노보는 우리 시대에 꼭 필요한 유인원이다."

미국 에모리 대학의 프란스 드 발(Frans De Waal) 교수가 유인원과 인간의 행동을 비교 연구한 『내 안의 유인원(*Our Inner Ape*)』(2005)에서 한 말이다.

보노보(Bonobo)는 유전적으로 사람과 가장 가깝지만 가장 덜 알려진 유인원(꼬리 없는 원숭이)이다. 덩치만 갖고 따지면 고릴라, 오랑우탄, 침팬지 다음에 오는, 다시 말해 유인원 네 식구 중 막내로 침팬지와 구분이 거의 안 될 정도로 닮아서 '피그미 침팬지'로도 불린다. 동물학자들도 1950년대에 들어서야 별개의 종으로 구분했으니 보노보를 모른대도 큰 흉은 아니다. 또한 보노보는 실로 민망한 유인원이기도 하다. 시도 때도 없이 위아래도, 암수도 가리지 않고 섹스를 하기 때문이다. 오죽하면 〈동물의 왕국〉과 같은 다큐멘터리를 찍던 촬영 기사가 시청자들에게 포르노를 보여 줄 수 없다며 카메라를 돌렸을까.

그런데 일급의 영장류 학자인 드 발은 이 민망한 보노보를 왜 우리 시대에 꼭 필요한 유인원이라고 한 것일까. 드 발의 안내를 받아 가만히 보노보의 등 뒤에 서면 우선 사람이 달리 보인다. 사람의 본성이 침팬지의 폭력적이고 이기적인 본성에서 비롯했다는 '상식'이 뒤집힌다. 사람과 침팬지를 비교한 많은 연구들은 탐욕이 인간의 유전자에 새겨져 있는 본성이며, 이기심이 인간의 원동력이라고 '선동'해 왔다. 이는 사람의 또 다른 친척인 보노보를 전혀 모르고 한 소리다. 보노보와 침팬지의 본성은 낮과 밤만큼이나 다르다.

침팬지는 우락부락하고 야심만만하며 폭력적인 반면, 보노보는 평등을 좋아하고 섹스를 즐기며 평화를 추구하는 낙천적인 천성을 지녔다. 침팬지가 '도살자 유인원'으로, 다시 말해 인간의 공격적 본성의 뿌리로 지목되었다면, 보노보는 인간의 또 다른 특성인 공감(共感) 능력을 대표한다. 침팬지가 우리에게 씌워진 악마의 얼굴이라면 보노보는 천사의 얼굴이다. 요컨대 '화성에서 온 침팬지, 금성에서 온 보노보'다. 그러니 침팬지의 눈으로 본다면 나보다 우리를, 주먹보다 악수를, 경쟁보다 협력을, 다툼보다 나눔을 사랑하는 보노보가 답답하고 안타까울 수밖에 없는 것이다.

사람의 유전자에는 침팬지와 보노보의 서로 다른 본성이 나란히 새겨져 있으며, 이들 양극단의 속성은 서로 충돌하기도 하고 긴밀하게 협력하기도 하면서 최적의 균형을 찾아간다. 폭력과 탐욕이 인간의 본성이고, 평화와 공감은 단지 포장에 불과하다고 하는 것은 '철학이란 이름의 신화'이자 '과학이란 이름의 선동'일 뿐이다. 따라서 보노보의 존재는 신화 파괴이자 신선한 전복(顚覆)이라 할 만하다.

침팬지의 눈으로 세상을 바라보면 세상엔 온통 침팬지들만 우글거리는 듯하다. 지난 30년, 세계화의 대로를 따라 흐른 것은 탐욕과 이기심이었다. 침팬지들은 거침없이 하이킥을 날렸다. 돈 놓고 돈 먹기의 도박판과도 같은 '승자 독식의 경제', 80퍼센트를 가난하게 만들고 20퍼센트만 살찌우는 '80 대 20의 사회', 부자들의 비위를 맞추기 위해 온갖 권모술수를 동원하는 '금권의 정치'는 침팬지의 본성으로 모두 용서되는 듯했다. 세계는 넓고 개인의 탐욕은 끝이 없다고 부추기는 신자유주의 '침팬지 경제학'을 신주단지처럼 받들고, '침팬지 기업'과 '침팬지 정치', '침팬지 언론'이 공을 들인 '침팬지 세계화'는 난공불락인 것만 같았다.

그렇다면 드 발이 일러 준 우리 안의 또 다른 유인원 보노보는 어디에 있는가. 침팬지에게 모두 도살됐을까? 아니면 우리의 유전자에서 삭제됐을까? 이 책 『보노보 혁명』은 그 물음을 좇은 것이다. 결론부터 얘기하자면, 침팬지의 눈으로만 세상을 보려 하지 않는 한 보노보는 있다. 그것도 아주 많다. 보노보의 렌즈는 거꾸로 된 세상의 상을 바로잡아 준다. 침팬지의 세상인 듯 보였던 지구촌 구석구석에는 조용히 사랑을 나누는 수많은 보노보들이 존재한다. 그들은 '개인과 이기심만 있을 뿐'이라며 침팬지들이 내팽개치고 뭉개 버린 공감적 사회성을 착한 힘으로 되살리고 있다. 세상이 이만큼 굴러가는 것도 숱한 보노보들의 선행 덕이다.

조금 더 깊이 들여다보면 침팬지가 할퀴어 놓은 사회의 생채기를 보듬는 데 그치지 않고, 도박판처럼 엉망진창인 세상을 보다 나은 곳으로 만들기 위해 '아름다운 반란'에 나선 보노보들도 눈에 들어온다. 이 책은 보노보 중에서도 개인적 선행에 그치지 않고 세상을 바꾸기 위해 발로 뛰는 보노보들에 주목하고 있다. 이 새로운 보노보들은 침팬지 경제학의 돈독을 씻어 내고, 무한 경쟁으로 생겨난 사회적 빈틈을 메우며, 벼랑 끝에 내몰린 사회적 약자들에게 자활의 손길을 내민다. 또한 시장에 뛰어들어 사회적 자본을 확충하고, 사회적 유익을 극대화한다. 요컨대 제 지갑에 넣기 위해서가 아니라 세상을 바꾸고 사회를 혁신하기 위해 돈을 벌고 돈을 쓰는 것이다. 이처럼 사회를 혁신하기 위해 경제 활동을 하는 것이 '보노보 경제학'이며, 이를 통해 '침팬지의 얼굴을 한 자본주의'를 '인간의 얼굴을 한 자본주의'로 바꾸는 게 '보노보 혁명'다. 보노보들은 이미 대오를 갖춰 행진을 시작했고, 새 길을 열고 있다. 이 책에서 만나게 될 사회적 기업가와 사회적 기업, 그리고 제4섹터가 바로 그것이다.

마이크로소프트에서 아시아 지역 판매를 총괄하던 존 우드는 돌연 침팬지 열차에서 뛰어내렸다. 그리고 자신의 경영 노하우와 인적 네트워크를 최대한 활용해 아시아의 오지에 공짜로 도서관과 학교를 지어 주고, 돈이 없어 못 배우는 아이들에게 장학금도 나눠 주는 보노보로 변신했다. 공중 보건을 공부한 데이비드 그린은 침팬지 의료 체계에 맞불을 놓았다. 그는 의료용품을 만들어 가난한 사람들에게 싼값에 팔면서도 얼마든지 흑자를 낼 수 있음을 보여 준다. 또한 돈 앞에 평등하지 않은 병원 문턱을 낮추기 위해 부자와 가난뱅이가 '필요에 따라 의료 서비스를 받고, 능력에 따라 의료비를 지불하는' 차등 의료비 시스템도 설계했다. 그들은 '배려 자본주의'를 만들고자 한다는 점에서 영락없는 보노보이다.

보노보들이 하는 일은 실로 다양하고 자유롭고 진지하다. 데이비드 위시는 기타로 아이들을 화음의 세계로 인도하고, 얼 마틴 팰런은 가난의 대물림의 고리를 끊고자 빈민층 아이들을 위한 방과 후 공부방을 열었다. 사라 호로위츠는 뿔뿔이 흩어져 있는 프리랜서들을 단결시키고, 엘리엇 브라운은 비정규직 노동자들의 작업 현장으로 달려갔다. 그들은 빈곤, 환경, 인권, 주택, 교육, 실업, 장애인 등 사회적 문제가 있는 곳이면 어디든 가리지 않았다. 남들이 사회의 빈틈을 걱정만 하거나 외면할 때 그들은 그곳으로 직접 뛰어들었다. 발품만 판 게 아니다. 정부나 시장, 기존의 시민단체와는 다른 혁신적이고 효율적이며 지속 가능한 해법을 찾아냈다. 당장의 아픔을 치유하면서 다시는 그런 아픔을 겪지 않도록 제도와 세상을 바꾸려는 보노보, 그들이 바로 사회적 기업가들이다.

'사회적 기업가(social entrepreneur)'라는 개념을 창안한 사람은 빌 드레이튼으로, 아쇼카를 세우고 수천 명의 보노보를 발굴하고 지원해 온 보노보의 대부라 할 수 있다. 그리고 2006년 노벨평화상을 받은 그라민 은행의 무하마드 유누스 총재는 보노보의 맏형쯤 된다. 드레이튼은 경제학자 조지프 슘페터(Joseph A. Schumpeter)가 자본주의의 특성을 '창조적 파괴'로 규정하면서 그 중심적 존재로 꼽았던 기업가 혹은 기업가 정신을 영리 기업에만 국한시킬 것이 아니라 사회적 혁신에도 적용하자는 뜻에서 '사회적'과 '기업가'를 합성했다. 기업가 정신으로 사회의 난제에 대해 창조적 파괴를 시도하자는 뜻에서였다.

사회적 기업가는 영리와 비영리에 구애받지 않을 뿐 아니라 민간 기업과 시민단체의 우성인자들과 함께 새로운 조직을 만든다. 그것이 바로 스티브 잡스의 기업가적 혁신과 마더 테레사의 자선이 합쳐진 '사회적 기업(social enterprise)'이다. 그리고 사회적 기업과 이를 지원하는 각종 공익 재단, 사회적 투자 펀드, 교육 기관 등이 하나의 거대한 네트워크로 어우러진 보노보의 세계가 바로 '사회적 생태계'이자 '제4섹터'이다.

사회적 기업가들이 보노보인 것은 그들이 세상을 바꾸는 방식에서도 뚜렷이 드러난다. 그들은 세상을 도박판으로 만들고 있는 침팬지를 향해

하이킥을 날리지 않는다. 그들은 침팬지의 방식으로 침팬지의 힘에 맞서지 않는다. 대신 헝클어진 세상을 추스르고, 그 뒤에 해법을 보여 줌으로써 어수선한 사회는 지탱될 수 없고, 가지런한 세상이 모두에게 이득이 된다고 설득한다. 그들은 그렇게 침팬지 스스로 반성하게 만든다. 나아가 안 하겠다는 은행의 팔을 비틀기보다는 마이크로 크레디트 사업을 통해 가난한 사람들에게 금융 서비스를 제공하는 식으로 시장 안에서 새로운 최적의 균형을 찾는다. 이처럼 그들은 어떤 일을 하기에 앞서 늘 그 근본을 먼저 생각하며, 낙천적이고 실용주의적으로 행동한다.

보노보들은 변화된 세상에서 어제의 해법은 내일의 변혁에 맞지 않다며, 일방적인 전복이 아니라 협력과 연대를 통해 '보노보식 혁명'을 실천한다. 그래서 사회적 기업가들의 반란은 부드럽지만 강하고, 반짝이지만 지속적이고, 치열하지만 평화롭고, 작지만 아름답다.

1장

아름다운 반란, 사회적 기업가

마이크로소프트를 떠나 '도서관 제국'으로

존 우드 John Wood

룸투리드(Room to Read)는 마이크로소프트의 임원이었던 존 우드(John Wood)가 1999년 지구촌 빈민 지역에 도서관을 설립하기 위해 만든 비영리 사회적 기업으로, 2006년 말 3300만 달러가 넘는 현금과 현물 기부금을 모아 큰 화제가 되었다. 2005년에 미국의 50만 개 비영리 시민단체(종교와 학교 관련 단체 제외) 가운데 연간 예산이 2200만 달러를 넘는 단체가 고작 21개에 불과했다는 사실에 견줘 볼 때, 설립된 지 10년도 안 된 룸투리드의 모금 능력은 실로 대단한 것이었다.

룸투리드에 거액을 쾌척한 기부자들의 면면도 색다르다. 델 컴퓨터의 창업자 마이클 델과 마이크로소프트의 적이었던 넷스케이프의 마크 안드레슨을 비롯하여, 첨단 벤처 기업에 자금을 대는 벤처 캐피털리스트와 투자 은행의 경영진은 물론 마이크로소프트나 구글 같은 기업들도 끼어 있다.

2007년 2월, 룸투리드는 세계적인 투자 은행 골드만 삭스에서 100만 달러를 기부 받았다. 이 돈은 인도의 초·중등학교에 450개 도서관을 만들어 주는 데 쓰일 계획이다. 이로써 인도의 룸투리드 도서관은 980개에서 1400여 개로 늘어나게 된 것이다.

스타벅스와 경쟁하다

골드만 삭스의 거액 기부금은 우드가 펼친 대대적인 기금 모금 활동의 결과였다. 우드는 남들이 부러워하는 마이크로소프트의 아시아 담당 임원직을 박차고 나와 사회적 사업가로 변신한 과정을 그린 자서전 『마이크로소프트를 떠나 세상을 바꾸다(Leaving Microsoft to Change the World)』(2006)를 펴내며 기금 모금 활동을 펼쳤다. 이 책을 통해 우드는 자신이 꿈꾸는 사회적 혁신에 대한 공감대를 넓힐 수 있었다.

룸투리드는 1999년 창립 이래 지금까지 네팔, 베트남, 캄보디아, 인도, 라오스, 스리랑카, 남아프리카 공화국 등으로 끊임없이 활동 영역

룸투리드의 설립자 존 우드

을 확장해 모두 3870개의 도서관과 287개의 학교를 세웠다. 이곳에서 130만 명의 어린이가 책을 읽고 공부를 한다. 우드가 책 보내기라는 전혀 새롭지 않은 활동을 하는 비영리 단체를 꾸리면서도, 유망 사회적 기업가로 주목 받는 이유는 이런 지속적인 확산 때문일 것이다. 우드는 2004년부터 3년 연속 미국의 경제 전문 월간지 『패스트 컴퍼니』와 컨설팅 업체인 모니터 그룹이 공동으로 선정하는 '사회적 자본주의자 상'을 수상하며 그 성과를 인정받았다.

룸투리드는 단순히 가난한 지역에 도서관을 지어 주는 일만 하는 게 아니다. 그들은 도서관이 필요한 지역을 직접 선정하고, 해당 지역사회의 적극적인 참여와 협력을 이끌어 낸다. 룸투리드가 도서관 세우기에 필요한 자금을 대면, 지역사회는 그에 필요한 노동력과 물자를 제공하는 식이다. 우드는 교사와 학부모들이 도서관 안팎에 칠을 하고 책상과 선반을 짜는 것을 보며 이렇게 말한다. "우리는 스스로를 도우려는 지역사회에만 도움의 손길을 내민다."

지역사회의 적극적인 참여는 도서관의 생존에 꼭 필요한 요소이다. 룸투리드는 도서관이 문을 연 지 3년 뒤에는 지역사회가 도서관 운영에 필요한 기금을 스스로 마련하고, 자체적으로 굴러갈 수 있도록 자립 기반을 마련해 준다. 사실 이 대목이 가장 어려운 부분이다. 대부분의 비영리 단체들은 취지가 좋고, 출발이 나쁘지 않았다 해도 그 사업을 어떻게 지속할 것인가란 고민을 안고 있다. 새로운 사업을 기획해서 기부금을 모으기보다 그 사업을 유지하고 지속적으로 지원하기가 더 어렵기 때문이다. 이를 위해 우드는 인터넷을 통해 룸투리드 도서관의 장서를 확충하고, 끊임없이 교사와 사서를 재교육하려는 계획을 세워 놓고 있다.

물론 우드의 '욕심'은 끝이 없다. 그는 더 많은 곳에 더 많은 도서관을 세우기 위해서 더 많은 기부금을 이끌어 내야 한다고 생각한다. 실제 룸투리드의 실무 활동가들은 지구촌 곳곳에서 찾아온 사람들을 접대하느라 눈코 뜰 새 없이 바쁘다. 브라질, 수단, 에티오피아, 과테말라 등에서 온 사람들이 저마다 절박한 사정을 호소하며 룸투리드 도서관을 세워 달라고 요청하기 때문이다. 현재 룸투리드 도서관은 세계 최대의 커피숍 체인인 스타벅스 매장보다도 빠른 속도로 늘어나고 있지만, 우드는 "지금까지의 성과는 우리가 할 수 있는 일에 견주면 새 발의 피"라고 말한다.

우드의 룸투리드 철학은 '세계 변화의 첫발은 아이의 교육에서'라는 굳건한 믿음 위에 서 있다. 그는 오직 교육을 통해서만 빈곤이 대물림되는 악순환의 고리를 끊을 수 있다고 생각한다.

'개발도상국의 아이들에게 교육의 기회를 넓혀 주기 위해 우선 한 아이에게 책을 읽을 수 있게 해 주고, 나아가 한 학교, 한 마을로 확산하는 점진적이고 지속 가능한 도서관 사업을 벌이자.'

룸투리드 도서관을 지을 때마다 그는 이러한 다짐을 되뇌며, 가장 기본적인 것부터 하나하나 빠짐없이 짚어 나갔다. 그리고 반드시 지역사회의 적극적인 참여를 유도했다. 도서관과 학교를 세워 준들 지역사회가 그것을 잘 활용하지 않는다면 무용지물이라는 것을 그는 누구보다 잘 알고 있었던 것이다.

마이크로소프트를 떠나다

1998년이었다. 세계 최대 기업인 마이크로소프트의 아시아 지역 마케팅 총책임자로서 중국 베이징에서 매일같이 쏟아지는 이메일, 무수한 회의, 새로운 사업 들과 씨름하던 우드는 조용한 곳에서 여름휴가를 가지며 지친 심신을 달래기로 결정했다. 그는 배낭을 꾸려 히말라야의 오지 네팔로 가는 비행기에 올랐다.

　네팔을 여행하던 중 우드는 한 중년의 네팔인을 만났다. 그는 자신을 네팔 교육부의 관리라 소개하며, 우드에게 이웃 마을에 있는 학교를 찾아가는 길인데 동행을 하면 어떻겠냐고 물었다. 관광으로 포장된 네팔이 아니라 화장하지 않은 진짜 네팔을 볼 수 있겠다는 호기심이 발동한 우드는 애초 계획했던 행로를 벗어나 그를 따랐다. 그때의 일을 우드는 『마이크로소프트를 떠나 세상을 바꾸다』에서 이렇게 말한다. "(네팔 여행 중) 잠깐 행로를 벗어난 것이 내 삶을 영원히 바꿔 놓으리라고는 꿈도 꾸지 못했다."

　그 관리가 우드에게 함께 가자고 한 이웃 마을은 말이 이웃이지 산을 넘고 강을 건너는 먼 길이었다. 어렵사리 찾아간 그 마을과 학교는 네팔이 직면한 곤경을 고스란히 보여 주었다. 20명이 겨우 앉을까 말까 한 공간에 80명이 넘는 아이들이 어깨를 맞대고 앉아 있는 것은 차치하고, 수업을 받는 아이들 앞에 책이 한 권도 없었다. 더욱 놀란 것은 아마도 자신과 같은 여행자들이 남겨 놓고 갔지 싶은 문고판 소설과 '론리 플래닛' 따위의 배낭여행 안내서 몇 권이 자물쇠가 채워진 채 책장 속에 보물처럼 소중히 모셔져 있는 이상한 풍경이었다. 아이

들이 그 귀한 책을 훼손하지 못하도록 하기 위한 방지책이었던 모양
이다. 그들에게 책은 그만큼 귀했다.

우드가 마을을 떠나던 날, 교장은 "우드 선생, 혹여 다음에 다시 들
를 일이 있으면 책 좀 가져다주시겠습니까?"라며 기약 없는 부탁을 했
다. 그 말 한마디가 치열한 경쟁 사회에서 앞만 보고 달려온 우드의 메
마른 가슴을 흔들어 놓았다. 휴가를 마치고 돌아오자마자 그는 친구들
에게 이메일을 돌렸다. 네팔에서의 일을 전하며 아이들이 읽을 수 있
는 책이 필요하니 보내 달라고 했다. 반응은 놀라웠다. 두 달 새 3000
여 권의 책이 도착했다.

이듬해 우드는 그 책을 가지고 네팔로 달려갔다. 야크 등에 책을 싣
고 산 넘고 강 건너 그 학교로 갔다. 이 두 번째 네팔 여정에서 우드는
결심했다.

'마이크로소프트를 떠나 지구촌 빈민 지역에 도서관을 세워 주는
일을 하자.'

그리고 이 새로운 일을 시작하기에 앞서 스스로에게 '수백만의 아
이들이 읽을 책이 없어 제대로 교육 받지 못하는 상황에서, 이번 달에
대만에서 윈도즈를 얼마나 팔았는가를 헤아리는 것이 무슨 의미가 있
겠는가?'라고 물으며 자신이 하고자 하는 일에 대한 확신을 키웠다.

우드는 1999년 마이크로소프트에 사표를 제출하고, 룸투리드를 설
립한다.

세계 최고의 기업에서 엄청난 연봉과 두둑한 스톡옵션을 받으며 평
생을 호사스럽게 지낼 수 있는 탄탄대로의 삶을 포기하고, 저 작은 나
라 네팔의 어린이들에게 헌책이나 갖다 주는 일을 하겠다니, 우드의

결단은 많은 사람들을 놀라게 했다. 우선 동료들은 그의 생뚱맞은 행동에 대해 반신반의했다. 여자 친구는 그런 그를 이해하지 못하고 결국 우드의 곁을 떠났다.

마이크로소프트를 떠난 지금 우드는 더 바쁘다. 더 많은 곳을 돌아다니고, 더 많은 사람들을 만난다. 이메일과 순회 모금 활동, 그리고 온갖 회의가 그에게 쉴 틈을 주지 않는다. 마이크로소프트 시절, 우드는 전자우편함이 터질 듯 쏟아져 들어오는 이메일에 지칠 대로 지쳐 있었다. 하지만 지금도 우드는 이메일 폭탄에서 벗어나지 못한다. 그는 낯선 사람들로부터 매일 300통이 넘는 이메일을 받는다. 그러나 이메일의 내용은 천양지차다. 제품 결함이 어떻다느니, 얼마나 팔았다느니, 이달에는 목표를 달성했느니 못했느니 따위가 아니다. 책을 보내 주겠다거나 책을 보내 달라거나, 혹은 어떻게 도울 수 있느냐고 묻는 것들이 대부분이다. 이윤이 아니라 자선과 유익에 관한 내용을 담고 있는 이메일인 것이다.

우드는 비즈니스 세계의 일상인 '시장의 살벌함'에서는 벗어났지만, 자신의 비영리 활동에 '시장의 효율성'을 적극적으로 끌어들여 조직의 규모를 중시하고, 눈에 보이는 성장과 성과를 강조한다. 예컨대 거액의 기부금 모금을 위해서라면 비행기를 타고 날아가 골드만 삭스 경영진도 만나고, 샌프란시스코, 뉴욕, 런던, 홍콩 등 자선가들의 도시에 발품을 아끼지 않는다. 그는 비영리 활동에 기업가의 방식을 접목시키고 있는 것이다.

룸투리드의 조직 운영도 기업 경영과 크게 다르지 않다. 우선 비용 절감을 중시한다. 경비 절감을 위해서는 마른 수건도 짜는 짠돌이 경영으로 기부금의 효율을 극대화한다. 아울러 활동가는 철저히 현지인을 채용한다. 아무리 그 나라의 유명 인사라 할지라도 현지에 뿌리를 내리지 않은 사람은 절대 쓰지 않는다. 또한 룸투리드에서 일하는 모든 활동가들로 하여금 실적을 분기별로 투명하게 보고하도록 한다.

특히 거대 기업가들의 지갑을 열기 위해 우드는 마이크로소프트 임원 시절 갈고닦은 경험을 십분 발휘하여 룸투리드의 성과를 기업가들의 언어로 번역한다. 예컨대 우드가 룸투리드의 성장을 보여 주기 위해 즐겨 쓰는 기업가들의 언어는 스타벅스와의 비교다. "사업을 시작해서 첫 6년간 스타벅스는 500개의 커피숍을 열었지만, 룸투리드는 1000개가 넘는 도서관을 세웠습니다."

개발도상국의 카네기

우드는 룸투리드를 가난한 사람들에게 책 보내기 운동을 하는 숱한 비영리 단체들과 똑같은 단체로 만들 생각은 애초부터 없었다. 그는 보다 많은 아이들이 책을 읽고 공부할 수 있는 공간을 마련하고, 그 공간이 점차 커 나가 룸투리드가 세상을 변혁하는 중심에 서게 하고 싶었다. 그는 자신이 몸담았던 마이크로소프트가 세계 정보기술(IT) 분야를 대표하듯, 자신이 설립한 룸투리드가 '개발도상국의 교육 분야에 있어 가장 신뢰 받는 글로벌 브랜드'가 되게 하겠다는 포부를 갖고 있다. 다시 말해 룸투리드를 '가난한 이들의 어머니로 칭송 받는 마더 테레사의 연민'과 'GE나 시스코 같은 초우량 기업들의 강인함과 집중력'이 화학적으로 결합된 새로운 개념의 비영리 단체인 사회적 기업으로 만들겠다는 구상인 것이다.

룸투리드의 성장은 실로 눈부시다. 우드가 말한 스타벅스와의 비교는 결코 과장이 아니다. 네팔에서 시작된 도서관 사업은 2001년에 베트남, 2002년에 캄보디아, 2003년에 인도 등으로 확산되어 2006년까지 4000여 개의 룸투리드 도서관과 학교가 생겼다. 이와 더불어 2000년부터 개발도상국 소녀들을 위한 장학 사업도 시작했다. 문화적 편견과 가난 때문에 배울 기회조차 없었던 여자 아이들을 위한 이 사업으로 인해 2007년 현재 모두 2300명의 아이들이 평균 10년 이상의 장학 혜택을 받고 있다. 2003년부터는 도서관과 학교를 세운 지역에서 현지어 도서 출판 사업도 시작했다. 그 나라 작가들과 삽화가들의 협조를 얻어, 해당 지역의 정서에 맞는 어린이 책을 만들어 보급하기 위한 것이다. 룸투리드는 2007년 11월 현재 모두 146종의 현지어 어린이 책을 출간했다.

2004년 4월 29일, 1000번째 룸투리드 도서관이 캄보디아 시엠립에서 문을 열었다. 그런데 그해 말 인도양 해역에서 발생한 쓰나미가 동남아 지역을 훑고 지나가며 수십만 명의 인명과 재산을 앗아가는 일이 발생한다. 우드는 파도에 휩쓸린 학교를 재건하고 도서관을 세우기 위해 곧바로 스리랑카에 도움의 손길을 내밀었고, 이어 2005년에는 라오스에도 도움을 손길을 뻗었다. 이렇듯 룸투리드는 어려움을 당한 나라에 조금씩 힘을 보태며 함께 성장하고 있다.

그해 9월 2일, 룸투리드는 드디어 2000번째 도서관의 문을 열었고, 기증 도서도 100만 권을 돌파했다.

우드는 스스로를 '개발도상국의 카네기'라고 한다. 19세기 말에서

20세기 초 미국의 철강 산업을 주도해 '철강 왕'으로 불린 앤드루 카네기는 미국 전역에 2500개의 도서관을 세워 자선을 통한 사회 공헌의 모범을 보였다. 우드는 미국을 넘어 지구촌 개발도상국에 도서관을 세웠다는 자부심을 갖고 있다. 그의 목표는 야무지다. 매해 40퍼센트씩 성장하여 2007년에는 5000개, 2008년에는 7000개로 도서관 수를 늘리겠다고 한다. 2년 동안 개발도상국 곳곳에 매주 평균 30개의 도서관을 열겠다는 구상이다. 우드는 말한다.

"나를 카네기에 비유하는 것이 건방지게 들릴지 모르겠다. 하지만 지금 우리는 카네기가 미국에 세웠던 것보다 더 많은 도서관을 개발도상국에 열었고, 앞으로도 계속 열 것이다. 아직도 전 세계 7억 5000만 명이 글을 읽지 못하고, 학교 구경도 못한 아이들은 1억 명이 넘는다."

우드가 도서관 세우기를 통해 궁극적으로 의도하는 것은 '자선의 민주화(democratization of philanthropy)'이다. 그는 『파이낸셜 타임스』(2007년 2월 23일)와의 인터뷰에서 이렇게 말했다.

"아프리카를 돕기 위해 빌 게이츠나 워런 버핏이 될 필요는 없다. 안젤리나 졸리나 브래드 피트처럼 잘생겨야 하는 것도 아니다. 세상을 변화시키는 데는 그리 큰돈이 들지 않는다. 개발도상국의 소녀들에게 장학금을 주는 데는 250달러면 된다. 도서관 하나 세우는 비용은 2000달러에 불과하고, 1만~1만 5000달러면 학교도 세울 수 있다. 룸투리드는 2020년까지 1000만 명의 아이들이 도서관에서 책을 읽도록 해 주겠다는 장기적인 목표를 갖고 있다. 진정으로 이 목표를 달성하고자 한다면 억만장자나 유명 인사들에게만 의존해서는 안 된다는 게 내 생각이다."

요컨대 우드가 말하는 자선의 민주화는 누구나 참여하는 소액 기부의 활성화이자 우리 모두의 관심을 가리킨다.

우드는 영리 기업들도 발상의 전환이 필요하다고 주장한다. 진정한 세계화를 위해서는 기업들이 눈앞에 보이는 영리만 좇아서는 곤란하다. 해외 활동이 지속적이려면 현지 시장이 커 나가야 하는데, 지금의 세계화는 외려 시장의 성장을 가로막는 잘못된 길을 걷고 있다. 기업은 개발도상국의 교육을 지원하고 현지의 인재들을 양성하는 것이 궁극적으로는 시장을 키우고 기업의 이윤도 늘린다는 보다 장기적인 시각을 가져야 한다. 그러한 맥락에서 개발도상국의 교육 수준을 높이는 룸투리드와 같은 비영리 단체의 활동을 지원하는 일은 단순히 '이타적 자선'이 아니라 결국에는 다국적 기업들에게 도움이 되는 '투자'라고 할 수 있다.

우드는 기부하려는 사람이 부족하다기보다는 오히려 그 돈으로 사회적 혁신을 이룰 수 있는 사람이 없다고 걱정한다. 그는 이러한 현상을 일러 '게이츠 수수께끼(Gates conundrum)'라고 부른다. 빌 게이츠와 워런 버핏은 천문학적인 액수의 기부를 함으로써 지구촌 억만장자들에게 사회 공헌의 새로운 기준을 제시했다. 앞으로 부자들이 비영리 단체에 기부하는 일이 점점 더 많아질 것이다. 그러나 기존의 자선단체들은 늘어나는 기부금을 제대로 사용할 준비가 부족하고, 성장도 세상의 변화를 따라가기에는 더디다. 아프리카의 경우 그들을 돕겠다고 내놓는 기부금 액수는 점점 늘어나는 데 비해, 도움이 필요한 사람들을 효과적으로 지원할 수 있는 규모와 역량을 갖춘 이렇다 할 조직이 없는 형편이다.

우드는 과연 향후 20년 내에 이러한 불일치를 해소할 수 있는 역량 있는 비영리 단체와 활동가들이 양성될 수 있을지를 걱정하며 이렇게 말한다.

"여러 비영리 단체들이 제각각 아프리카에 고아원 한두 개씩을 세울 수는 있을 것이다. 그러나 아프리카에 창궐한 에이즈를 고려한다면 고아 문제를 해결하기 위해서는 보다 근본적이고 규모 있는 모델이 필요하다. 말 그대로 누군가 고아원계의 스타벅스를 만들어야 하는 것이다."

가난의 대물림을 끊는 '희망 학원'

얼 마틴 팰런Earl Martin Phalen

2006년 서울 봉천동에 사는 준환(가명)은 처음으로 과외를 받았다. 서울대에 다니는 어떤 형이 공짜로 과외를 해 준 것이다. 장래 희망이 변호사라는 준환은 학원을 다니고 싶어 했다. 하지만 택시 운전으로 집안 살림을 근근이 꾸려 가는 아버지는 빚이 많다며 말을 흐렸다. 그런 준환에게 서울대 형이 찾아온 것이다.

방과 후 다른 아이들이 학원으로 향할 때 준환은 교실에서 서울대 형을 만났다. 그렇게 두어 달 후, 수학 시간이면 멍하니 앉아 있거나 엎드려 잠만 자던 준환의 성적이 학년 전체에서 50등이나 올랐다. 선생님한테 칭찬도 받았고 스스로도 공부가 재미있게 느껴졌다.

그러던 어느 날 서울대 형의 발길이 뚝 끊어졌다. 일주일에 두 번씩 수학도 가르쳐 주고 피자도 사 주며 고민을 들어 주던 형이 이제 다시는 오지 않았다. 소득 격차로 인한 교육 양극화 해소를 위해 교육인적자원부와 관악구청, 서울대가 뜻을 모아 서울대 학생 300명이 중학생 1000명의 공부를 돌봐 준 '방과 후 달동네 과외'가 예산 부족으로 시행 1년 만에 중단됐기 때문이다.

1992년 미국 보스턴의 도심 빈민가에 있는 한 초등학교에 무손이라는 여자 아이가 있었다. 부모를 따라 아이티에서 갓 이민 온 무손은 꾸어다 놓은 보릿자루마냥 교실 한구석을 지킬 뿐이었다. 그런 그에게 하버드 대학 언니, 오빠들이 도움의 손길을 내밀었다. 그들은 가난하고 성적도 나쁜 무손을 학자나 장학생을 뜻하는 스칼라(scholar)라고 불렀다. 맛있는 간식도 사 주고, 몇 번을 물어도 타박하지 않고 상냥하게 공부를 봐 주었다. 읽기와 수학 문제 풀이는 물론이고, 열심히 공부할 수 있도록 동기와 희망을 불어넣어 주었다. 무손은 달라졌다. 학교 성적도 올랐고, 더 이상 교실 구석에 처박힌 아이도 아니었다. 무엇보다 자기 자신에 대해 믿음이 생겼다.

전액 장학금을 받아 대학에 진학한 무손은 현재 의사의 꿈을 키우고 있다. 그는 학교를 졸업한 후 조국 아이티로 돌아가 가난한 사람들에게 의술을 베풀 계획이란다. 초등학교 때 하버드 대학 언니, 오빠들에게 받은 도움을 그렇게 갚겠다는 것이다.

1992년 보스턴의 한 빈민가에서 무손을 비롯해 19명의 아이들을 모아 놓고 시작된 '빈민촌 과외'는 현재 볼티모어, 뉴욕, 워싱턴 DC 등으로 확대되어 1만여 명의 무손들에게 꿈을 키워 주고 있다.

준환과 무손의 이야기는 서울과 보스턴 두 도시의 빈민촌 과외에 대한 사례이자 두 도시의 저소득층 자녀 멘토링에 대한 이야기이기도 하다. 멘토링(mentoring)은 오디세이가 기약 없는 전쟁에 나서며 친구인 멘토르(Mentor)에게 아들을 맡긴 데서 유래한 말이다. 그리고 친구의 아들을 제 자식처럼 돌본 멘토르와 같이 현명하고 신뢰할 수 있는 조언자이자 스승을 멘토라 한다. 멘토로 나서는 것이 멘토링이고, 멘토링을 받는 사람이 멘티가 된다.

서울의 준환과 999명의 다른 준환들은 1년 만에 발길이 끊긴 멘토를 기다리다 풀이 죽은 반면, 보스톤의 무손은 15년 만에 1만 명의 무손들로 복제되고 있다. 무슨 차이일까? 답은 사회적 기업과 사회적 혁신가가 있고 없음의 차이이다.

사회에 진 빚

미국은 겉보기와는 달리 완고한 학력 사회로, 명문 사립대학인 아이비리그의 졸업장은 주류 사회로 통하는 출세의 계단쯤 된다. 그런데 예일 대학 정치학과를 나와 하버드 대학 로스쿨을 졸업한 앞길 창창한 젊은이가 변호사의 길을 버리고, 도심 빈민촌의 초등학생들을 돕겠다고 나선다면 열에 아홉은 그 젊은이더러 정신병원에 가 보라고 할 것이다. 얼 마틴 팰런(Earl Martin Phalen)이 바로 그런 사람이었다. 그는 출세의 길을 마다하고 자신만의 나침반을 가지고 길을 나섰다.

1992년, 팰런은 빈민층 자녀의 학업을 돕기 위해 BELL(Building Edu-cated Leaders for Life)을 설립했다. 달랑 1만 2500달러를 가지고 보스턴 도심의 빈민가 초등학생 20명에게 공부를 가르치고 삶의 희망을 심어주기 위해 시작된 BELL은 설립 15년 만에 2000만 달러로 기금을 늘리며 보스턴뿐 아니라 볼티모어, 뉴욕, 워싱턴 등지로 그 활동 영역을 넓혔다. 그리고 장학 사업도 새로 시작하여 지금까지 1만 2000명의 스칼라에게 장학금을 지원했다.

팰런은 1997년에 빌 클린턴 대통령으로부터 '대통령 봉사 상'을 수상했고, 『패스트 컴퍼니』와 모니터 그룹이 그해 가장 두드러진 활약을 보인 사회적 기업가에게 주는 '사회적 자본주의자 상'을 2004년부터 2006년까지 3년 연속으로 받았다. 팰런은 수상 소감을 이야기하며, 2010년까지 스칼라를 10만 명으로 늘릴 야심 찬 계획을 추진 중이라고 밝혔다.

팰런의 선택이 올바른 것임을 가장 먼저 인정해 준 사람은 그의 양부모였다. 그들은 "BELL 창립 1주년이 되었을 때 여름학교 프로그램을 마치고 스칼라들이 그간 배운 것을 발표하는 자리에서 스칼라들과 그 부모들의 표정을 보고 나서 마음을 바꾸었다."고 말했다. 그때 그들은 좌절의 그림자만 가득했을 아이들의 얼굴에 희망을 되찾아 준 사람이 바로 아들 팰런이라는 믿음을 갖게 된 것이다.

처음엔 갸우뚱하던 후원자들도 서서히 전폭적인 지지자로 돌아섰다. BELL에 재정적 지원을 한 초기 후원자들조차 초일류 엘리트 코스만 밟은 아이비리그 출신의 팰런이 과연 흑인 빈민 지역에 대해 무엇을 알 것이며, 어떤 도움을 줄 수 있을지에 대해 반신반의했기 때문이다. 이제 그들은 팰런을 돕기로 한 최초의 결정을 마치 자신들의 선견지명인 양 자랑스럽게 내세우기까지 한다.

사실 팰런은 태어나자마자 버려져 보스턴에 있는 보육 시설에 맡겨진 흑인 아이였다. 그 후 두 살 때 지금의 양부모에게 입양돼 백인 중산층 가정의 여덟 남매 중 막내로 자랐다. 그가 자란 곳은 전형적인 백인 중산층 동네로, 그가 다닌 고등학교에는 전교생 1100명 가운데 흑인은 단 2명뿐이었다.

보육 시설 출신의 흑인 70퍼센트가 전과자가 되는 미국 현실에서, 팰런은 순조롭게 성장해 예일 대학에 들어갈 수 있었다. 졸업 후 그는 워싱턴 DC의 노숙자 센터에서 잠시 일하다가 하버드 대학 로스쿨에 진학했다. 팰런은 열심히 공부해 하버드 대학 로스쿨을 졸업하고 주류 사회의 일원이 될 자격을 얻었지만, 뭔가 중요한 것을 잊고 있었음을 깨달았다. 그는 사회에 빚을 지고 있다는 자각을 하며 자신이 받은 것을 지역사회에 되돌려 주어야 한다고 느꼈다.

하버드 대학 로스쿨에 다닐 때 팰런은 흑인학생연합의 학생들과 함께 보스턴 도심의 빈민가인 록스버리에서 교육 봉사 활동을 한 적이 있다. 그때 그는 글을 읽지 못하는 가난한 아이들을 보고 큰 충격을 받았다. 그러한 기억을 떠올리며 팰런은 지금 자신이 해야 할 일은 그 아이들을 돕는 것이라고 생각했다.

팰런은 교육 봉사 활동을 하며 단순한 멘토링만으로는 아이들에게 실질적인 도움을 줄 수 없다는 사실을 깨닫게 된다. 읽기와 산수가 또래들보다 반년에서 1년 가까이 뒤처지는 아이들에게 무조건 꿈을 가지라고 하는 것은 사치한 주문이었다.

'그렇다면 이 아이들에게 당장 필요한 일을 힘닿는 대로 해 보자.'

팰런은 학교 성적이 나쁜 가난한 집 아이들을 대상으로 기존의 멘토링에 방과 후 과외를 해 주는 튜터링을 결합한 새로운 프로그램을 만들었다. 그리고 친구 앤드루 카터와 함께 BELL을 세웠다. 이로써 팰런은 빈민촌 교육 자원봉사자에서 교육 불평등 문제를 해결하는 사회적 혁신가로 변신하였다.

팰런은 흑인과 히스패닉 등 유색인들이 거주하는 도심 빈민가를 찾아갔다. 그리고 그곳에 사는 가난하고 성적 나쁜 초등학생을 가려 학교 성적이 실제로 향상될 수 있도록 읽기와 산수 공부를 도와주었다. 팰런은 초등학교 시절에 성적이 우수한 아이가 그 후에도 좋은 성적을 유지할 수 있다고 믿는다. 이런 믿음은 BELL의 멘토링을 받은 아이들 10명 가운데 8명의 성적이 크게 향상되었고, 이들이 중·고등학교에 들어가서도 우수한 성적을 유지함으로써 입증되었다.

이와 같은 성공 사례는 무수히 많다. 팰런의 첫 스칼라 중에 가이란 아이가 있었다. 아버지가 감옥에 가 가정이 파탄나는 바람에 학습에 대한 의욕을 잃었던 가이는 BELL의 멘토링을 받고 나서 몰라보게 달라졌다. 멘토는 가이가 스스로 공부에 재미를 붙이도록 만들었다. 그리고 학교 성적이 형편없었던 가이에게 all A 성적표라는 황당한 주문을 했다. 하지만 멘토의 기대와 주문은 결코 황당한 것이 아니었다. 가이는 결국 all A 성적표를 받아 왔던 것이다.

가난한 살림에 힘들게 학교를 다니기는 했지만, 가이는 이제 어엿한 대학생이 되었다. 가이는 그의 집안에서는 첫 대학생이다. 하지만 BELL의 도움이 없었다면 그 역시 여느 빈민가 출신 친구들처럼 도시의 후미진 구석 어딘가를 어슬렁거렸을지도 모를 일이다.

팰런은 말한다.

"BELL 프로그램은 우리 아이들이 나쁜 길로 빠지지 않도록 돌보아 주고 공부를 가르쳐 줌으로써 아이들 스스로가 보살핌을 받고 있다는 사실을 깨닫게 해 준다. 적지 않은 아이들이 나쁜 길에 발을 들여놓는다. 우리의 목표는 그 아이들의 발을 성공의 계단 쪽으로 이끄는 것이다."

피할 수 없는 학력 경쟁, 즐기게 만들다

한국의 교육 전문가들은 미국의 교육 제도를 전범인 양 예로 들지만, 미국 공교육의 문제점은 우리보다 더하면 더했지 결코 덜하지 않다. 특히 소득 격차에서 비롯된 교육 격차는 극심하다. 좋은 교육을 받고 싶으면 집값이 비싼 부자 동네로 가거나, 돈이 아주 많다면 대학 등록금보다 더 비싼 등록금을 내야 하는 사립 기숙학교를 보내면 된다.

부자들이 빠져나간 도심에는 가난한 흑인과 히스패닉계 아이들이 열의 없는 교사들로부터 무성의한 가르침을 받는 게 공교육의 현실이다. 더구나 두 달 반이나 되는 긴 여름방학 동안에 여유 있는 집 아이들은 각종 방학 프로그램에 참여한다. 참여 비용은 기간과 내용에 따라 다르지만 몇백 달러에서 몇천 달러까지 한다. 당연히 가난한 집 아이들은 엄두도 내기 힘들다. 여름방학이 지날 때마다 부자 동네와 가난뱅이 동네 사이에는 거의 반 학년 이상의 학력 차가 나게 된다. 그리고 그 차이는 점점 커져서 결국 고스란히 소득 격차로 이어진다.

정부가 이 문제에 대해 예산 타령만 하며 한발 물러나 있는 사이에 시민단체들은 의욕적으로 해법을 찾아 나섰고, 사회적 기업들은 속속 창업을 하기 시작했다. 2007년에 워싱턴 DC의 교육감이 된 한인 2세인 미셸 리도 그 중 하나이다. 그는 비영리 단체인 '새 교사 프로젝트(The New Teacher Project)'를 통해 빈곤층이 밀집한 지역에 자질이 뛰어난 교사를 배치하여 교육 격차를 해소하는 데 힘을 기울였다.

팰런은 가난한 아이들의 학력이 떨어지는 게 현실이고 실력이 없으면 도태될 수밖에 없는 학력 경쟁 사회라면, 아이들의 학력을 높여 주자고 생각했다. 그는 행복이 성적순은 아니지만 성적이 낮으면 희망도 작아지는 현실을 직시하고, 피할 수 없으면 맞서서 즐기자는 쪽을 선택한 것이다. BELL이 스칼라들을 위해 일주일에 다섯 번 방과 후 공부방을 열고, 해마다 6주짜리 여름학교를 개설한 것도 그와 같은 맥락에서이다.

BELL의 공부방은 아이들에게 과외비만 받지 않는다 뿐 우리네 사설 학원 못지않다. 팰런은 스탠퍼드 대학에서 개발한 실력 테스트를 도입해 아이들의 수학과 읽기 능력을 자체 평가하여 4단계로 나누고, BELL의 도움 이후 학교 성적이 얼마나 좋아지는지도 체크한다.

BELL의 멘토들은 학업 성적을 높일 수 있는 전문가 그룹으로 짜여 있다. 처음에는 자원봉사자를 중심으로 운영했으나, 아이들을 보다 책임감 있고 지속적으로 지도하기 위해 월급을 주고 멘토들을 채용했다. 2007년 현재 BELL이 고용한 유급 멘토들은 700여 명에 달한다. 이렇게 하는 것은 크게 두 가지 이유 때문이다. 하나는 무엇보다도 아이들의 성적을 향상시키는 것이 중요하다는 기본 입장에서다. 이것은 미래의 지도자가 되려면 우선 실력이 있어야 한다는 판단에 기인한다. 다른 하나는 BELL에 지원하는 각종 재단들이 활동의 성과를 중시한다는 점 때문이다. 공부방을 더 열려면 돈이 필요하고, 이를 위해서는 BELL의 성과를 보여 주며 기부자들을 설득해야 한다. 이는 전통적인 비영리 단체들이 사회적 기업이 되면서 나타난 특징적인 양상이다. BELL은 아이들의 성적이 크게 향상된 자료를 바탕으로 다른 사회적 기업들 모두가 부러워하는 기금 모금 능력을 발휘하고 있다.

BELL은 애초에 빈민가의 흑인과 히스패닉 자녀들만 가르칠 계획이었다. 이는 다른 아이들이 중요하지 않아서가 아니라 그 아이들이야말로 도움을 절실하게 필요로 했기 때문이다. 하지만 이 방침은 바뀌었다. 인종 차별이란 논란도 있고, 기금을 끌어들이는 데도 걸림돌이 되었기 때문이다. 비록 공식적으로 인종 구분을 없애기는 했지만, 2006년 자료에 따르면 도심의 특성상 BELL의 스칼라 가운데 81퍼센트가 흑인, 17퍼센트가 히스패닉계였으며, 백인은 2퍼센트에 불과했다.

도움의 손길을 필요로 하는 아이들이 많다 보니 BELL은 불가피하게 '선발'을 한다. 선발 기준은 단순하다. 학교 성적과 가정 형편이다. 만약 평점이 B인 학생과 C인 학생이 있다면 C학점의 학생이 우선권을 갖는다. 학점이 같다면 가계 소득이 더 낮은 가정의 학생이 선발된다. 이렇다 보니 추천 받은 아이들의 3분의 2는 탈락한다. 스칼라가 된 아이들은 최소 1년에서 길게는 초등 6년 내내 지속적인 멘토링을

BELL의 설립자 얼 마틴 팰런과 아이들

받는다. 팰런은 기금을 확충하여 대기자 명단을 없애는 것이 BELL의 목표라고 말한다.

BELL의 활동에 삐딱한 시선을 보내는 이들도 있다. 가난한 아이들의 성적을 올려 주는 땜질식 처방이 공교육의 근본적인 문제를 희석하는 것 아니냐는 것이다. 하지만 정치 지도자들과 지역사회가 빈곤층의 교육 소외 현실을 외면하는 것은 BELL이나 관련 시민단체들 때문이 아니다. BELL이 하는 일은 미국의 모든 교육 활동을 하나의 양동이로 볼 때 거기에 떨어지는 물방울에 지나지 않는다. 그나마도 누군가 물방울을 떨어뜨리지 않는다면 교육 소외 문제는 사람들의 관심 밖으로 더 멀어질 것이다. BELL의 활동은 도리어 공교육의 부실과 교사들의 무성의를 더 뚜렷하게 드러내 준다고 보는 게 맞을 것이다. 팰런은 소외 지역 공교육의 현실에 대해 이렇게 말한다.

"교육 환경이 날로 나빠지고 있다. 소득 격차도 심각하다. 도심의 빈곤층은 경제 성장의 혜택을 누리지 못하고 있다. 심지어 이런 지역의 학교에 다니는 아이들은 교과서도 제대로 갖추지 못하고 있는 실정이다. 더구나 도심의 공립학교 교사들은 투사들만 남고, 좋은 선생님들은 벌이가 나은 다른 직종으로 이탈하고 있다. 교사들 가운데는 아이들을 사랑하지 않거나 가르치는 일을 즐기지 않는 이들도 많다. 우리 부모들은 이러한 현실에 대해 분노하고 소리쳐야 마땅하다. 만약 그런 무성의한 교사들이 도심 빈민가의 학교가 아니라 교외 부자촌의 학교에 있다면 그들은 당장 쫓겨났을 것이다."

정계나 관계로 진출해 교육 제도를 혁신한다면 어떨까? 사실 팰런은 민주당 대선 후보로 나선 버락 오바마와 하버드 대학 로스쿨 동기이다. 오바마는 팰런의 요구를 받아들여 BELL과 같은 빈곤층 교육 지원 단체의 여름방학 프로그램에 연방기금을 지원하도록 하는 법안을 상정하기도 했다.

팰런이 정계 진출을 생각해 보지 않은 건 아니다. 그러나 그는 BELL이 소기의 목표를 달성할 수 있다면 굳이 정계로 나갈 이유가 없다고 생각했다. 그의 목표는 미국 전역에서 10만 명의 아이들을 가르치고, 그 아이들의 학교 성적을 높여 주는 것이다. 아이들이 자아를 발견하고 장래의 꿈을 키울 수 있도록 도와주고, 그 아이들의 부모가 자신의 무한한 능력을 깨달아 스스로의 삶뿐 아니라 자녀들의 삶과 지역사회를 변화시킬 수 있게 하는 것이 그의 궁극적인 목표이자 소명이다.

그럼, 서울과 보스턴의 두 도시 이야기로 다시 돌아가 보자. 이제 우리는 준환에겐 없고 무손에겐 있는 게 무엇인지 알 수 있다. 그것은 팰런이다. 영리 사업이 아이디어만으로 성공할 수 없듯, 비영리 사업 또한 혁신적인 아이디어도 필요하지만 불굴의 추진력을 가진 혁신가가 없다면 성공하기 어렵다.

2007년, 교육부는 준환과 같은 아이들의 눈물을 닦아 주겠다며 부랴부랴 멘토링 사업에 대한 긴급 예산을 편성했다. 삼성 등의 대기업들도 저소득층 아이들을 위한 공부방 지원에 나서고 있다. 교육부가 주도하는 위로부터의 방식이나 대기업이 사회 공헌의 일환으로 진행하는 방식이 BELL이 행한 아래로부터의 방식보다 못하다고 단정하기는 어렵다. 시민 운동의 뿌리가 다르고, 사회·경제·정치적 환경 또한 서울과 보스턴이 같지 않기 때문이다. 하지만 위로부터이든 아래로부터이든 팰런과 같은 혁신적인 리더십이 없다면 서 말 구슬도 보배로 꿰어지지 못한다는 사실만큼은 분명하다. 멘토링뿐 아니라 어떤 제도도 성패의 관건은 언제나 사람이다.

지금의 준환들과 무손들이 사회의 주역이 될 20년쯤 뒤, 두 도시의 모습은 어떻게 달라져 있을까 사뭇 궁금하다.

기타로 사회적 혁신을
연주하다

데이비드 위시David Wish

2003년 잭 블랙이 주연으로 출연하여 화제를 모았던 〈스쿨 오브 락 (The School of Rock)〉이란 영화가 있다. 이 영화에서 뚱뚱하고 촌스러운 외모 때문에 음악 밴드에서 쫓겨난 주인공은 생활비가 떨어지고 집세 까지 밀리자 친구의 이름을 사칭해 사립 초등학교의 대리 음악 교사로 취직한다. 머릿속도 온통 음악뿐이지만 할 수 있는 것도 음악밖에 없 었던 그는 수업 첫날, 누가 어떤 악기를 다룰 줄 아는지부터 묻고는 곧 바로 학생 밴드를 만든다. 그 후 딱딱한 음악 수업은 사라지고, 교실 너머로 기타, 피아노, 첼로, 키보드, 드럼 소리가 울려 퍼진다. 주인공 은 가짜 선생인 사실이 들통 나는 통에 한 차례 곤욕을 치르고, 이런저 런 우여곡절 끝에 아이들과 함께 록 밴드 경연대회에 나가 못 이룬 록 커의 꿈을 이룬다.

　실제 기타 연주자로서 밴드 활동을 하는 잭 블랙의 연기가 단연 압 권인 이 영화는 당시 미국 박스 오피스 1위를 차지했고, 코미디 영화 로서는 이례적으로 평론가들로부터 최고 평점을 받았다. 『워싱턴 포스트』는 "베이비 붐 시대에 태어나 자신들의 10대와 20대 시절을 기억하는 부모들과 그들의 10대 자녀들 모두를 위한 영화"라고 평했고, 『애틀랜타 저널』은 "아마도 지금까지 만들어진 '영감을 주는 선생님'에 관한 영화들 중 최고의 작품일 것"이라고 치켜세웠다.

영화의 감동은 현실을 역설적으로 드러낼 때 더 큰 공감을 불러일으키는 것일까. 영화가 대박을 터뜨리고 유력 신문들은 영화에 대한 극찬을 아끼지 않았지만, 현실은 전혀 그렇지 못했다. 영화 속 교실에서는 음악이 흘러넘쳤으나 현실 속 대부분의 초·중등 공립학교에서는 악기 소리는커녕 노랫소리도 듣기 어려웠다.

1990년대 중반 이후 교육 재정은 줄고, 학교에서는 학생들의 수학 성적 올리기 경쟁이 시작되었다. 공립학교들은 가장 먼저 음악 수업을 없앴고, 음악 교사들은 학교를 떠나기 시작했다. 시사 주간 『타임』 (2003년 11월 9일)에 따르면, 음악 교사와 악기 회사들의 모임인 음악교육협회의 조사 결과 미국 전체 초·중·고교 가운데 60퍼센트나 되는 학교에서 음악 수업이 사라졌다. 영화에서처럼 여유 있는 집 아이들은 학교 밖에서라도 피아노 치는 법을 배울 수 있지만, 먹고살기 빠듯한 가난한 집 아이들은 음악 교육을 받을 기회조차 빼앗겨 버린 것이다.

진짜 '스쿨 오브 락'

교육 재정이 삭감되었을 때 사람들은 음악 수업이 사라지는 학교 교육을 걱정하고, 교육 정책을 비난하고, 그로 인해 일어날 많은 재난에 대해 예언을 쏟아 냈다.

그렇다. 걱정하고 비판하기. 문제가 터지면 대부분의 사람들은 교육과 나라의 미래를 걱정하며 혀를 찬다. 하지만 사회적 혁신가는 다르다. 그들은 문제가 있으면 해결해야 한다고 생각한다. 이렇게 음악이 사라진 교실에 대해 혀를 차게 만드는 현실이 또 하나의 사회적 기업가를 탄생시켰다.

2007년 현재 미국 12개 주에서 1만여 명의 빈곤층 아이들에게 공짜로 악기를 나누어 주고 음악 수업을 하고 있는 리틀키즈록(Little Kids Rock)의 창립자 데이비드 위시(David Wish)가 바로 그 사회적 기업가이다. 그는 영화 〈스쿨 오브 락〉을 현실로 뛰쳐나오게 만든 주인공으로, 1996년 이 일에 처음 뛰어들 당시를 떠올리며 이렇게 말했다.

"1990년대 중반에 교육 재정이 줄어들자 여론의 비난이 쏟아졌다. 하지만 나는 음악 수업이 폐지된다고 해도 학교에서 음악이 사라지지 않도록 하는 것은 돈의 문제가 아니라 전적으로 의지의 문제라고 생각했다. 나는 학교 음악 수업이 사라진 빈자리를 메우고 싶었다."

그는 세계에서 가장 잘살고 가장 강력한 나라인 미국이 아이들에게 충분한 교육을 할 능력이 없다고 하는 것만큼 어이없는 말이 없다고 여겼다. 또한 아이들에게 음악이나 미술 등 예술을 가르치지 않는 것은 우리 스스로 다음 세대와의 계약을 파기하는 것과 마찬가지라고 생각했다. 사실 그렇다. 우리가 우리의 아이들을 창조적이고, 남을 배려할 줄 아는 아이로 가르치지 않고서는 그들에게 더 나은 미래를 기대하기는 어렵다.

위시는 매사추세츠 주에 있는 브랜다이스 대학에서 사회학과 역사학을 전공하고, 캘리포니아 주 레드우드 시티의 한 공립 초등학교에서 교편을 잡았다. 음악 교육이 죽어 가던 1996년, 그는 전설적인 기타 연주자 지미 헨드릭스를 우상으로 삼고 낮에는 교사로, 밤에는 카페에서 재즈 기타를 치는 연주자로 이중생활을 하고 있었다. 당시 캘리포니아 주에서만 초·중·고교의 50퍼센트가 음악 수업을 폐지했고, 음악 교사의 27퍼센트가 일자리를 잃었다.

위시는 '이건 아니다.'라고 생각했다. 그는 자신이 할 수 있고, 또 해야 하는 일을 실행에 옮기기 시작했다. 우선 지인들을 찾아다니며 기타를 구했다. 그리고 나서 자신이 가르치던 1, 2학년 아이들 20명에게 기타를 나눠 주고, 그만의 방식으로 즐거운 '음악 교실'을 열었다. 리틀키즈록의 시작은 이렇게 작고 소박했다.

음악 교실은 위시에게도 큰 기쁨과 놀라움을 안겨 주었다. 아이들의 숨겨진 음악적 재능을 발견했기 때문이다. 위시의 첫 음악 교실 아이들 가운데 세르지오란 아이는 기타 코드를 익힌 지 얼마 되지 않아 혼자 힘으로 〈작은 공룡(Little Dinosaur)〉이란 곡을 만들어 연주했다. 위시는 이 곡을 직접 녹음하고 CD로 구워서 자선 활동에 적극적인 유명 그룹과 가수들에게 보냈다. 그러자 로큰롤 명예의 전당(2000년)에도 오른 가수이자 작곡가, 기타 연주자인 보니 레이트(Bonnie Raitt)에게서 즉각 회답이 왔다. 그는 고사리 손이 만들어 낸 기타 선율에 크게 감동했다며, 음악을 듣는 동안 자신이 무대 위에서 처음 연주할 때 느꼈던 희열과 즐거움을 오롯이 되살릴 수 있었다고 감사의 말을 전했다. 그 뒤 레이트는 아이들이 작곡한 곡을 직접 연주하고 녹음해 판매 수익을 기부하는 등 리틀키즈록의 가장 든든한 후원자가 되었다.

리틀키즈록의 후견인 명단은 '사이먼 앤드 가펑클'로 친숙한 폴 사이먼을 비롯해 카를로스 산타나, 비비 킹, 제시 매카트니, 릭 스프링필드 등 유명 가수들로 빼곡하다. 엘비스 프레슬리와 함께 활동했던 원로 연주자 제임스 버튼은 루이지애나 주의 슈레브포트에 리틀키즈록의 지부를 만드는 데 힘을 보탰을 정도다.

세르지오의 작곡은 우연이 아니었다. 기타를 배우기 시작한 지 4년 뒤인 2000년, 세르지오는 큰형을 잃었다. 그런데 형의 장례를 마친 뒤 세르지오가 위시를 찾아와 이렇게 물었다.

"선생님, 죽은 형을 위해 곡을 만들었어요. 선생님과 함께 연주해 볼 수 있을까요?"

위시는 아이들의 변화에 다시 한 번 놀랐고, 자신의 노력이 헛되지 않았음을 재차 확인했다. 방과 후 음악 교실은 아이들의 삶에 음악이 흐르게 만들었다. 기타를 배운 아이들이 전문 연주가가 되고 말고는 중요하지 않다. 위시의 바람은 음악이 아이들의 삶에서 친구처럼 언제나 함께할 수 있는 존재가 되는 것이다. 위시의 아이들은 차츰 형을 잃는 것과 같은 슬픔을 음악으로 달래고, 새로운 친구가 생겼을 때의 기쁨을 음악으로 표현하게 되었다.

세르지오들이 늘어났다. 위시의 음악 교실은 입소문을 탔고, 아이들이 속속 몰려들었다. 몸이 둘이라도 감당하지 못할 정도였다. 점심 시간은 물론이고, 수업 전의 이른 아침 시간에도 짬을 내야 했으며, 방과 후에도 그를 기다리는 아이들을 위해 기타를 쳤다. 아무리 생각해도 몰려드는 아이들을 혼자서 다 감당할 수는 없는 노릇이었다. 위시는 동료 교사들에게 도움을 청했다. 뜻밖에 반응이 좋았다. 방과 후 음악 교실 일에 자원하는 교사의 수가 차츰 늘었다. 위시는 지원 교사들에게 자신의 수업 방식을 전수해 주었지만 진행은 그들을 믿고 맡겼다. 위시는 이렇게 자신을 복제해 나갔다. 또 다른 위시들이 서서히 방과후 음악 교실을 넓혀 나가 미국 전역의 학교에서는 사라져 가던 아이들의 노랫소리가 다시 울려 퍼졌다.

음악 교실이 늘고 그 활동이 활발해지자 위시는 학교를 떠나 음악 교실 일에 전념하기로 마음을 먹는다. 그리하여 2002년 7월, 그는 리틀키즈록을 비영리 단체로 정식 등록하고 해마다 음악 교실의 수를 두 배로 늘려 나갔다. 2005년에는 유망 사회적 벤처 기업으로 선정되어 사회적 기업의 창업을 돕는 드래퍼 리처즈 재단(Draper Richards Foundation)으로부터 3년간 매해 10만 달러를 지원 받았다. 리틀키즈록의 현재 목표는 2008년 상반기까지 음악 교실의 학생수를 2만 명으로 늘리는 것이다. 20명으로 시작해 13년 만에 1000배인 2만 명이라니 놀라운 성장이라 하지 않을 수 없다.

스즈키와 롤링 스톤스의 만남

위시의 무료 음악 교실이 이처럼 빠르게 퍼져 나간 비법은 그만의 독특한 수업 방식에 있다. 그는 어린이용 바이올린 교본 개발자로 유명한 일본인 음악 교육자 스즈키 신이치의 교육 철학을 바탕으로, 아이들 귀에 익숙한 유행가를 수업의 교재로 삼았다. 위시는 음악 교실의 이러한 수업 방식을 일러 '스즈키와 롤링 스톤스의 만남'이라고 정의한다.

스즈키의 교육 철학은 어린이를 하나의 인격체로 존중해야 하며, 지도 방법만 좋으면 능력은 후천적으로 얼마든지 개발될 수 있다는 신념에 뿌리를 두고 있다. 스즈키는 그러한 신념을 바탕으로 청음, 즉 듣기 훈련을 강조하는 독특한 음악 교육 방법을 창안했다. 음악도 언어를 익히듯 귀가 뚫리는 게 우선이며, 듣기와 악기 연습을 충분히 하고 나서 악보를 읽는 게 순서라는 것이다. 위시는 스즈키의 방식을 거의 그대로 수업에 적용한다. 우선 아이들에게 기타를 나눠 준다. 기본 코드를 알려 준 뒤 신 나게 치게 한다. 어떤 노래를 좋아하는지 묻는다. 그 노래를 크게 틀어 주고, 그 곡을 기타로 연주하는 방법을 알려 준다. 그뿐이 아니다. 아이들이 직접 작곡과 즉흥 연주를 하게 한다. 음악의 'ㅇ' 자도 모르는 아이들에게 무슨 작곡이냐 싶겠지만 위시의 생각은 다르다. 그는 듣기, 읽기, 쓰기의 삼박자가 동시에 맞아야 언어를 빨리 습득하듯 음악도 마찬가지라고 말한다.

위시는 아이들에게 음악책의 악보 읽는 법을 가르치고, 동요 몇 개 부르게 하다가 끝내는 틀에 박힌 음악 수업 방식을 뒤엎었다. 위시의 아이들은 듣기, 작곡, 연주를 동시에 한다. 기타 초보자인 초등 2학년생 세르지오의 〈작은 공룡〉도 그렇게 만들어졌다.

'롤링 스톤스'를 내세우긴 했지만, 위시가 록만 고집하는 것은 아니다. 첫 음악 교실을 열었을 때였다. 아이들을 불러 모으긴 했지만 음악을 어떻게 가르칠지에 대해서 고민이 덜 끝난 상태였다. 그는 전문가들을 만나 상의를 하고 음악 교재와 기타 교본을 뒤졌다. 하나같이 딱딱하고 고리타분했다. 처음에 〈홍하의 골짜기〉가 나오고 맨 뒤에는 〈베토벤 교향곡 9번〉이 나오는 식이었다. 아이들의 눈높이는 전혀 고려되지 않았다.

'왜 아이들이 즐겨 듣고 즐거워하는 노래는 학교에서 가르치면 안되는 것일까?'

위시는 캘리포니아 주 도심의 특성상 중남미 출신 아이들이 많다는 점에 주목했다. 마침 그때는 리키 마틴이 유명세를 타고 있었다. 아이들에게 물었다.

"리키 마틴 좋아하니?"

"예!"

그의 첫 수업은 〈리빈 라 비다 로카(Livin' La vida Loca)〉로 문을 열었다. 록이든 힙합이든 가리지 않았다. 헤비메탈도 랩도 펑크도 음악을 몸으로 느끼고 노래에 대한 열정을 키우는 데는 걸림돌은커녕 더없는 자극제가 되었다. 아이들이 좋아하는 가수와 노래가 바로 그들의 문화적 자본이었다. 위시는 아이들이 그 문화적 자본으로 음악의 본령에 이르게 유도했다.

리틀키즈록 음악 수업의 기본은 배우는 아이들이 스스로 음악을 즐겨야 한다는 것이다. 그래야 수동적인 소비자로 음악을 대하는 게 아니라 음악을 삶의 일부로 받아들이고 자신의 감정을 멜로디와 리듬에 실어 표현할 수 있다.

위시가 음악 교실에 그렇게 열심이었던 데는 음악 교육 자체를 대수롭지 않게 여기는 정책 결정자들의 잘못된 생각의 틀을 깨뜨려야겠다는 의지도 한몫했다. 위시는 미국 사회에는 아직도 신 나는 일을 하찮게 생각하는 청교도적 풍토가 자리하고 있다고 단언한다. 이렇다 보니 본디 신명을 생명으로 하는 음악이나 예술을 없어도 그만인 사치품 정도로 여겨 음악 수업을 없애 버리는 야만적인 정책을 아무런 문제의식도 없이 저지른 것이다. 결국 어른들이 발 벗고 나서서 아이들의 창의력이 발현될 기회를 차단하고, 학교를 무미건조한 공간으로 만들어 버린 셈이다.

음악 교실을 거쳐 간 많은 아이들을 통해 위시는 놀라운 사실을 발견했다. 기타를 통해 창조적 표현의 즐거움을 알게 된 아이들은 나쁜 짓에 대한 충동을 훨씬 덜 느꼈다. 유혹의 손길을 뿌리칠 수 있는 의지도 더 강해졌다. 친구들과 함께 밴드 활동을 하면서 함께하는 마음도 키우고 자기 자신에 대한 자부심도 갖게 된 아이들은 점점 스스로를 존중하는 만큼 남도 배려하는 소양을 갖추게 되었다. 학교 생활이 즐거워지고, 집중력이 생기면서 성적이 올라간 것은 당연한 수순이었다.

정부와 학교가 없애 버린 소중한 음악 교육의 기회를 위시와 리틀키즈록의 복제된 위시들은 지금 이 순간에도 보다 신 나는 방식으로 되살리고 있다.

또 다른 위시를 만들다

위시의 음악 교실이 영화 〈스쿨 오브 락〉과 다른 대목은 복제에 있다. 〈스쿨 오브 락〉에서 음악 교실은 오직 하나뿐이고 단 한 사람의 임시 교사가 등장하지만, 리틀키즈록의 음악 교실은 미국 전역에 흩어져 있고 수백 명의 정규 교사들이 1만 명이 넘는 아이들과 방과 후에 록과 힙합을 연주한다. 바로 위시와 생각을 같이하는 수많은 교사들의 헌신이 리틀키즈록 성공의 핵심인 것이다. 위시는 자원봉사 교사들의 헌신을 일러 '리틀키즈록의 인간 자본'이라고 말한다.

리틀키즈록은 교사가 자원할 경우 이틀 동안 집중적으로 리틀키즈록의 수업 방식과 교육 철학을 알려 준다. 그런 다음 그들에게 해당 지역의 음악 교실 수업을 맡긴다. 단, 리틀키즈록은 학생수가 600명 이상 되는 지역에 음악 교실을 열게 하고, 최소 1년 이상을 유지하되 주당 한 번은 반드시 수업을 하도록 권장한다. 교사에 따라 음악 교실의 분위기나 수업 시간, 그리고 진행 방식은 천양지차이다. 아이들과 호흡이 잘 맞는 교사들은 주당 15시간 이상 수업을 하기도 하지만, 또 어떤 교사들은 고작 여남은 명의 학생들을 모아 놓고 기타만 가르치기도 한다. 어쨌든 리틀키즈록은 최소한의 가이드라인만 제시할 뿐, 한번 맡긴 이상 자원 교사에게 시시콜콜 간섭하지는 않는다. 이는 교사의 자원봉사가 없으면 리틀키즈록도 없기 때문이다.

그렇다고 완전히 방임하는 것은 또 아니다. 리틀키즈록은 미국 전역에 퍼져 있는 음악 교실의 상황을 일종의 고객정보관리 시스템을 통해 온라인으로 파악하고 있다. 해당 교사들은 아이들이 어떤 음악을 좋아하는지, 연주 실력은 어느 정도나 향상되었는지, 작곡과 즉흥 연주 실력은 어떠한지 등등을 그때그때 온라인으로 보고하게 함으로써 종합적으로 관리하고 있다. 최근에는 이 방식을 보다 강화하여 작곡을 했다면 몇 곡이나 했는지 등을 일일이 확인하여 아이들의 음악 능력 향상 정도를 계량화하기 시작했다. 이른바 리틀키즈록의 학생기록부를 만들어 나가고 있는 것이다.

사회적 기업들은 실적을 수치로 보여 주는 쪽으로 민감하게 움직이고 있다. 드래퍼 리처즈 재단의 경우 리틀키즈록을 펠로로 선정하면서 재단의 사람을 리틀키즈록의 이사회에 참여시키고 있는데, 이들이

리틀키즈록의 운영을 보다 기업적인 방식으로 유도하고 있다. 위시는
이 같은 방식에 대해 그리 흔쾌하게 여기지는 않는다. 신 나는 음악 교
실에서까지 평가를 한다는 것은 교사와 학생들의 자존심을 상하게 하
고 수업을 즐겁게 이끌어 가는 데 방해가 될 수 있기 때문이다. 하지만
효율성을 높이기 위해서는 이 같은 조치가 불가피하다는 점 또한 어
쩔 수 없는 사실이다.

학교에서 무료 급식을 하는 아이들의 비율은 그 지역의 소득 수준을
보여 주는 지표이다. 현재 리틀키즈록은 무료로 점심을 먹는 아이들
이 전체의 절반이 넘는 공립학교를 대상으로 음악 교실을 열고 있다.

리틀키즈록의 설립자 데이비드 위시(오른쪽)

이는 음악 수업 폐지의 피해가 빈곤층 자녀일수록 클 수밖에 없다는 판단에서이다. 이러한 상황을 감안해 리틀키즈록은 수업 시간에 기타를 무료로 제공하는 것은 물론, 희망자에 한해 무상으로 나눠 주기도 하였다. 그렇게 아이들에게 나누어 준 기타가 수천 대에 이른다.

리틀키즈록은 기존의 음악 교육 방법을 아이들의 눈높이에 맞추어 조직적으로 바꿔 가고 있다. 이들은 장문의 개혁안 보고서를 만들고 머리띠를 두르는 대신, 교사와 학생이 함께 기타를 치고, 노래에 맞춰 신 나게 몸을 흔들면서 그렇게 하고 있다. 저소득층 아이들에게 무료로 음악을 가르쳐서가 아니라, 음악을 통해 아이들의 삶을 바꾸고 예술 교육이 사라진 삭막한 학교 교육 현장에 혁신의 바람을 불어넣고 있다는 것, 그것이 바로 리틀키즈록이 사회적 기업으로 꼽히는 이유이다.

물론 위시는 리틀키즈록의 한계를 누구보다 잘 알고 있다. 학교에서 사라진 음악 수업을 되살리는 일, 사실 그것은 비영리 단체의 힘만으로 확산하고 정착시킬 수 있는 일은 아니다. "학교에서 음악 교육을 받지 못하는 아이들이 1500만 명이 넘어요."라며 위시는 슬며시 한숨을 쉰다.

리틀키즈록은 음악 교실 학생 수를 매년 두 배씩 늘려 가고 있지만, 얼마나 더 확산될 수 있을지는 미지수이다. 설령 빌 게이츠가 재산을 몽땅 털어 넣어서 미국의 모든 초·중·고교 음악 수업을 지원한다고 해도 50년밖에는 버틸 수 없다.

그렇다고 희망이 없는 것은 아니다. 언젠가는 리틀키즈록의 노력과 성과가 사람들의 생각을 바꾸고, 선거를 통해 정책 결정자들을 움직일 수 있는 날이 올 것이다. 그날까지 위시와 리틀키즈록의 음악 교사들은 열심히 그 빈틈을 메울 것이다. 위시는 이렇게 말한다.

"나는 리틀키즈록의 설립자로서 지금까지 나의 문화적 색깔로 리틀키즈록 조직의 골격을 만들었다. 그리고 앞으로는 내부적으로나 외부적으로 조직 운영의 투명성과 책임성을 제고하는 문제에도 힘을 쏟을 것이다. 우리가 사회적 유익을 추구하는 비영리 단체인 이상 우리의 소명은 봉사에 있다. 이러한 소명을 충실하게 견지하기만 한다면 얼마만한 성취를 했는가 하는 결과는 부차적인 것이다."

필요에 따라 치료 받고,
능력에 따라 낸다

데이비드 그린_{David Green}

2003년 2월, 값싼 의료용품을 전문으로 만드는 인도의 오로랩(Aurolab)이 획기적인 보청기를 선보였다. 첨단 디지털 기능을 갖춘 초소형의 이 보청기는 당시 시술되고 있던 어느 보청기와 견주어도 성능이나 모양 면에서 전혀 부족함이 없었다. 놀라운 것은 이 보청기의 가격이었다. 공장도 가격은 개당 50달러였지만, 이 보청기의 판매 가격은 0~200달러였다. 통상 보청기 하나의 시중 가격은 평균 1500달러 정도이다. 잘 들리지 않는 양쪽 귀에 보청기를 걸려면 3000달러는 든다. 200달러라 해도 기존 보청기 값에 비하면 거저나 다름없는데, 0달러는 또 뭘까. 이건 보청기를 무료로 줄 수도 있고, 200달러를 받고 팔 수도 있다는 말이다. 수요와 공급에 따라 가격이 결정된다는 경제학 원론도 무시한 희한한 셈법이다.

오로랩은 가격을 공급자가 결정하되 수요자 개개인의 지불 능력에 맞춰 다르게 제시한다는 정책을 펴고 있다. 혹 '능력에 따라 일하고 필요에 따라 분배한다.'는 공산주의의 강령이 되살아난 것 아닐까 으

스스해하는 이가 있다면 오해하지는 마시라. 국제통화기금(IMF), 세계무역기구(WTO)와 더불어 세계화의 삼총사이자 자본주의의 보루인 세계은행(WB)조차 이들이 저렴한 보청기 개발 프로젝트를 통해 시장경제에 기여한 바를 높이 사 2002년 '발전·시장혁신 상'을 수여했을 정도니까.

이 보청기를 만든 사람들은 누구보다 시장경제의 논리에 충실하다. 이들은 오히려 엄청난 비용과 더 많은 이윤을 추구하는 기존의 의료산업과 시스템이야말로 시장경제를 왜곡시키고 있다고 주장한다. 오로랩은 의료용품을 값싸게 제공하면서도 돈을 벌 수 있고, 더구나 소득 수준에 따라 판매 가격에 차등을 두는 것이 월마트나 맥도널드의 박리다매 전략과 다르지 않다는 생각에서 '0~200달러'라는 희한한 가격의 보청기를 만들었다. 오로랩의 이러한 성과는 누구든지 의료용품을 이용할 수 있도록 하면서도 돈벌이가 가능한 의료 혁신을 위해 비영리 단체인 프로젝트 임팩트(Project Impact)를 세운 데이비드 그린(David Green)의 오랜 노력의 결실이기도 했다.

오로랩의 실험

오로랩은 값싼 인공수정체 개발을 위해 1992년 인도 마두라이에 세워진 회사이다. 백내장 환자들은 인공수정체 시술을 받기만 하면 시력을 회복할 수 있다. 하지만 당시 인공수정체의 값은 가난한 사람들에게는 너무나 비쌌다. 소수의 다국적 기업들이 독점했던 인공수정체의 값은 개당 300달러에 달했고, 1~2달러로 하루를 연명해야 하는 가난한 사람들은 백내장으로 인한 실명을 운명으로 받아들일 수밖에 없었다. 특히 아시아, 아프리카의 저개발국에서는 노화와 영양실조 때문에 생기는 백내장이 실명 원인의 80퍼센트를 차지한다. 앞이 보여야 입에 풀칠이라도 할 수 있는 이들에게 백내장은 크나큰 재앙이자 빈곤 탈출의 기회를 원천 봉쇄하는 천형과도 같다.

그린은 그런 현실이 가슴 아팠다. 그는 돈 때문에 눈이 멀 수밖에 없는 세상을 자신의 힘으로 바꾸고 싶었다. 그린은 시각 장애에 깊은 관심을 기울이고 있던 캘리포니아 주의 시바 재단(Seva Foundation)과 가난한 환자들을 싼값에 치료해 주던 인도의 아라빈드 병원과 손잡고 의료용품을 만드는 비영리 사회적 기업인 오로랩을 탄생시켰다.

그린은 은퇴한 과학자와 안과 의사, 인공수정체 전문가들을 오로랩으로 불러들였고, 그들은 다국적 기업들의 특허 공세를 피하면서도 값싼 제품을 만드는 데 온 힘을 기울였다. 의약품과 의료용품은 오랜 연구 기간이 필요하기 때문에 당연히 가격이 비쌀 수밖에 없다는 신화는 그리 오랜 시간이 걸리지 않아 무너졌다. 오로랩은 인공수정체의 공장도 가격을 개당 3달러로 낮추었고, 소비자에게는 5~10달러에 판매했다. 그 바람에 다른 다국적 기업들의 인공수정체 값도 덩달아 내려갔다. 그래도 미국에서는 지금도 개당 100달러는 한다. 그렇다고 싼 게 비지떡이라거나 밑지고 판다거나 하는 말은 오로랩의 인공수정체에는 통하지 않는다. 오로랩의 인공수정체는 유럽과 미국에서 안정성을 검증 받았고, 2007년 현재 한 해 70만 개 이상이 생산되어 가난한 나라의 가난한 사람들에게 팔리고 있다.

오로랩은 전 세계 인공수정체 시장의 8퍼센트를 차지한다. 생산 규모로는 세계 3위이다. 또한 비영리 사회적 기업임에도 흑자를 기록하는 탄탄한 기업이다. 이들은 가난한 사람들에게 싼값에 시력을 찾아주면서도 수백 명의 연구 및 생산 인력에게 고급의 일자리를 만들어주고 있다. 게다가 돈까지 벌고 있다. 오로랩은 그 돈으로 안구 은행을 지원하고, 가난한 이들을 위한 의료 서비스를 확충하며, 더 값싸게 의료용품을 생산하기 위한 연구와 설비 투자를 한다.

그린은 1998년에 수술 부위를 꿰맬 때 쓰는 봉합사 공장도 세워 한 박스에 평균 200달러 하는 봉합사를 30달러에 공급하고 있다. 오로랩은 현재 세계 120개국에 봉합사를 수출하고 있다.

오로랩의 보청기 개발은 뜻밖의 귀인이 나타나면서 시작되었다. 1999년 말, 그린은 오랫동안 비정부국제기구에서 지구촌 가난한 나라 사람들의 빈곤과 질병 퇴치를 위해 일한 존 윌슨 경(Sir John Wilson)을 만나게 된다. 윌슨 경은 청력 장애와 빈곤이 얼마나 밀접하게 연관되어 있는가를 조목조목 얘기하며 그린에게 보청기 개발을 제의했다. 이듬해 그린은 프로젝트 임팩트를 움직여 타당성 조사를 거친 후 자금을 지원할 재단을 물색하고 오로랩에 보청기 전문가들을 끌어들였다. 그리고 3년 만에 보청기 '임팩트 1'이 출시되었다. 이 제품은 생산 첫해에만 1만 개가 판매되었다.

세계보건기구(WHO)에 따르면, 전 세계 청각 장애인은 2억 5000만 명이 넘지만 한 해 동안 팔리는 보청기는 600만 개에 그치며, 그것도 거의 선진국에서만 팔린다. 그린은 조만간 '임팩트 1'의 판매를 50만 개까지 늘려 가난한 나라는 물론, 부자 나라의 가난한 난청자들도 오로랩의 혜택을 보게 하겠다고 말한다. 또한 다음 목표로 후천성면역결

핍증(AIDS)의 치료제를 개발하여, 지금껏 해 왔던 것처럼 싼값으로 더 많은 사람들에게 판매해 그들이 병에서 벗어나도록 돕겠다고 한다.

그린은 오로랩의 성공 비결에 대해 이렇게 말한다.

"처음에 인공수정체를 생산했을 때 선진국에는 개당 300달러에, 인도에는 개당 100달러에 팔았다. 하지만 지금은 개당 4달러에 공급한다. 기술 개발을 통해 가격을 더욱 낮추자 비영리 단체들도 손쉽게 이용할 수 있게 되면서 수요가 늘어났다. 이로써 오로랩은 지속 가능한 선순환을 이루게 되었다. 우리는 보청기 판매에도 같은 전략을 구사하고 있다."

오로랩은 같은 제품이라도 수요자의 소득 수준에 따라, 다시 말해 나라와 지역, 그리고 사람에 따라 가격을 달리하는 독특한 판매 정책을 펴고 있다. 기업들이 시장 가격 구조에 대한 맹신에서 조금만 벗어나면 이러한 새로운 가격 모델은 전 세계로 확산될 수 있을 것이며, 특허를 침해하지 않으면서도 질 좋은 의료용품을 싼 가격에 생산하는 것이 가능하다. 그러나 그들은 그렇게 하지 않는다.

그린은 그런 다국적 기업들을 비난만 하기보다는 직접 행동에 나섰고, 오로랩을 의료 혁신의 성공 사례로 만들었다. 사회적 기업을 발굴하고 지원하는 미국의 아쇼카(Ashoka)와 맥아더 재단(MacArthur Foundation), 그리고 다보스 포럼을 주최하는 스위스의 슈와브 재단(Schwab Foundation)이 그를 대표적인 사회적 기업가로 선정한 이유도 바로 여기에 있다.

의료비, 가진 만큼 낸다

그린이 프로젝트 임팩트를 세우고 오로랩을 만들게 된 실질적인 동력은 훌륭한 파트너와의 만남이었다. 1976년 그린은 인도의 마두라이에 아라빈드 안과병원을 열고 가난한 이들에게 무료 시술을 해 주는 고빈다파 벤카타스와미(Govindappa Venkataswamy) 박사를 만났다. 당시 그린은 대학에서 공공보건을 전공한 뒤 버클리에 있는 시바 재단에서 자원봉사 활동을 하고 있었는데, 이 시바 재단이 아라빈드 병원에 인공수정체 등의 의료용품과 장비를 지원해 주고 있었다.

많은 인도인들이 '닥터 브이'라는 애칭으로 부르는 벤카타스와미 박사는 원래 산부인과를 전공했으나 원인 모를 병에 걸려 일을 할 수 없게 되자 치료를 받으며 독학으로 안과 의사가 된 특이한 이력의 소유자였다. 그린은 닥터 브이가 보다 많은 가난한 사람들을 실명이란 천형에서 구해 주기 위해 고군분투하던 무렵 그를 만나 자신의 삶을 변화시키는 구심점으로 삼게 된다.

그린은 미시건 대학으로 돌아가 공공보건 석사학위를 마치고 시바 재단으로 복귀한다. 그런데 아라빈드 병원을 지원하는 과정에서 의료용품 수급의 문제가 발생했다. 아라빈드 병원의 규모가 커지면서 백내장 수술을 위한 인공수정체 수요도 그만큼 늘어났지만, 생산 업체들이 더 이상은 무상으로 기증할 수 없다며 두 손을 든 것이다. 백내장은 인공수정체만 있으면 간단히 시력을 되찾을 수 있는 병이지만, 개당 300달러나 하는 인공수정체 가격은 시술을 하는 아라빈드 병원이나 지원을 하는 시바 재단이나 모두에게 큰 부담이었다.

그린은 새로운 통로를 찾기 시작했다. 가난한 이들이 기본적인 의료 서비스조차 받을 수 없는 게 현실이라면, 해법은 가난한 이들의 소득을 향상시키거나 의료 서비스 비용을 낮추거나 아니면 모른 척 고개를 돌리거나 중의 하나였다. 그린은 두 번째 방식이 가장 합리적이라고 생각했다. 그는 의료 서비스의 가격을 낮추어야 하고, 또 그렇게 할 수 있다는 확신이 있었다. 그린의 그러한 확신은 오로랩의 성공과 프로젝트 임팩트의 설립으로 이어졌다.

그린과 닥터 브이의 만남은 오로랩의 설립에 그치지 않고 또 다른 화학적 반응을 일으켰다. 의료용품을 값싸게 생산하는 오로랩 모델에 이어 의료용품과 의료 서비스의 가격을 수요자에 따라 차이를 두는 '아라빈드 모델'을 만든 것이다.

아라빈드 병원은 가난한 사람에게 무료 시술을 해 주지만, 그렇다고 자선 병원은 아니다. 돈을 벌기 위해 눈에 핏발을 세우지만 않을 뿐 치료비도 받고 돈도 번다. 이 병원은 부자든 가난한 자든 차등을 두지 않고 똑같은 의료 서비스를 제공한다. 그렇지만 의료비는 각자의 사정에 따라 달리 매긴다. 이 병원을 찾는 환자의 47퍼센트는 의료비를 지불하지 않는다. 공짜로 치료를 받는 것이다. 10퍼센트는 의료비의 3분의 2만 내고, 35퍼센트는 병원이 책정한 의료비보다 많이 낸다. 그렇다고 환자들 하나하나에게 소득 증명서를 받는 것도 아니다.

더 놀라운 것은 환자의 거의 절반을 공짜로 치료하면서도 아라빈드 병원의 수지가 맞다는 점이다. 30여 년 전에 닥터 브이가 각종 재단의 도움을 받아 병상 11개로 시작한 아라빈드 병원은 현재 5개 병원을 거느린 병원 그룹으로 성장했다. 한 해 150만 명의 환자를 치료하고,

20만 명의 백내장 환자에게 최고의 의료진이 최저가로 인공수정체를 시술하는 세계 최대의 안과병원이 된 것이다. 비결이라면 병원 자체의 운영 비용을 최소화하고, 핵심적인 의료 서비스의 질을 극대화하는 '저비용 저수익' 원칙으로 설계되었다는 점이다. 그러한 원칙에 따라 미국에서 1700달러나 하는 백내장 수술이 아라빈드 병원에서는 단돈 10달러에도 가능하게 되었다.

의사로서 환자의 시력을 되찾아 주는 게 최우선이라고 생각한 닥터 브이가 치료부터 해 주고 비용은 환자의 경제적 능력에 따라 되는 대로 받으면서 시작된 게 아라빈드 실험이라면, 그린은 닥터 브이의 실험을 체계화해 소득별로 의료비를 차등 부과하는 보편적인 의료 혁신

프로젝트 임팩트의 설립자 데이비드 그린

시스템, 즉 '아라빈드 모델'을 만들어 냈다. 그는 "아라빈드 병원의 경우 운영비가 1달러라면 수익은 1.6달러에 달한다."며, 아라빈드 모델을 적용해 똑같은 서비스라도 의료비를 차등화하는 것은 돈 많은 사람과 가난한 사람을 차별하는 것이 아니라, 모두에게 최상의 서비스를 똑같이 제공하기 위한 것이라고 강조한다.

그린은 아라빈드 모델을 인도 밖 다른 나라에 적용하는 데도 힘을 쏟고 있다. 시바 재단의 후원으로 프로젝트 임팩트가 네팔에 만든 룸비니 안과병원은 연간 수술 환자 3만 명 가운데 20퍼센트를 무료로 시술한다. 알 누르 재단(Al Noor Foundation) 후원으로 이집트에도 아라빈드 모델을 적용한 대형 안과병원이 생겼다. 프로젝트 임팩트가 적용하고 있는 아라빈드 모델은 아시아와 아프리카에만 이미 150여 곳에 달한다.

배려 자본주의와 윤리적 세계화를 위해

그린은 자신의 지향을 '배려 자본주의(Compassionate Capitalism)'와 '윤리적 세계화(Ethical Globalization)'로 요약한다. 그러면서 인공수정체의 시중 가격을 100분의 1로 낮추고 개인의 능력에 따라 병원비를 내게 해야 한다는 다소 험악한 주장도 편다. 아라빈드 모델을 통해 생산 시설과 잉여 자원을 최대한 활용해 빈부의 구별 없이 모두에게 혜택이 돌아갈 수 있는 지속 가능한 경제 패러다임이 실현 가능하다고 보는 까닭이다.

이런 식이다. 병원은 애초부터 의료비를 차등 부과하되 지속 가능한 정도로 최소 수익을 낼 수 있을 만큼만 책정한다. 여유 있는 사람들은 책정된 치료비를 그대로 내든지 더 내도 되고, 소득이 낮은 사람은 덜 내든지 안 내도 된다. 그러다 보면 병원은 보다 많은 환자를 돌보게 되고 수익도 올릴 수 있다. 어느 누구도 손해를 보지 않는다는 것이다.

그린은 이 방식을 배려 자본주의의 대표적인 패러다임으로 꼽는다. 환자가 치료비를 내는 것은 병을 고친 데 대한 대가를 지불하는 것이며, 동시에 무료로 치료를 받는 이들을 위한 기부 행위가 된다. 그는 이를 '중간 단계를 생략한 자선'이라고 부른다.

윤리적 세계화의 대표적 사례로는 오로랩을 꼽는다. 오로랩은 인도 현지의 기술과 자원을 최대한 활용하며, 주주에 대한 배당 부담 없이 수익을 의료 서비스 개선에 재투자한다. 이는 낮은 임금 몇 푼만 현지에 떨어뜨리고, 막대한 이윤은 해외 투자자에게로 빠져나가는 세계화와는 양상이 판이하다. 따라서 오로랩은 지역사회의 번영과 성장에 도움을 줄 수 있다는 면에서 윤리적 세계화를 지향한다고 볼 수 있다.

그린은 배려 자본주의와 윤리적 세계화를 위해 두 가지를 당부한다. 첫째, 결코 쉽지는 않겠지만 입증된 사회적 혁신을 당장 실천에 옮겨야 한다. 이를 위해서는 사회적 혁신을 실험하는 과정에서 위기를 끌어안고 실패를 감수할 수 있는 사회적 분위기가 조성되어야 한다. 모든 벤처 기업의 성공률이 낮듯, 사회적 벤처 기업도 높은 성공만을 기대하기 어려운 까닭이다.

둘째, 제2섹터인 영리 기업 내부의 변화가 필요하다. 다시 말해 넉넉한 자본을 소유한 기업들은 사회적 책임 경영에 보다 힘을 쏟을 필요가 있다. 다국적 기업들은 너나없이 가난한 사람들에게 질 좋은 의료 서비스를 제공해야 한다고 하지만, 그들 중 어느 누구도 진지하게 관심을 기울이지 않는다.

다국적 제약 회사와 의료기기 업체들은 개발도상국의 의료 시장은 너무 작아서 돈벌이가 안 된다는 편견을 갖고 있다. 시장을 개척하는 데는 많은 투자가 필요한 반면, 그만큼의 이윤이 보장되지 않는다는 것이다. 그린이 오로랩을 만든 것은 거대한 공룡에 도전하기 위한 것이 아니라, 그들이 편견을 버릴 때까지 기다리고만 있을 수 없었기 때문이다.

그린은 이상주의자가 아니다. 사회적 혁신가들이 그러하듯 냉철하고 실용주의적이다. 그는 오로랩과 아라빈드 병원의 노력만으로는 소득 격차로 인한 의료 서비스의 차등을 전면적으로 해소할 수 없음을 인정한다. 가령 최소한의 품위 있는 생활을 할 수 있는 최저선을 연 소득 1500달러라고 했을 때, 이 최저선의 소득을 밑도는 인구가 지구촌 전체에서 40억 명에 달한다. 하루 소득이 4달러에도 미치지 못하는 이 40억 명의 사람들은 사실상 시장경제의 저 바깥에 방치되어 있다. 그린은 이들을 끌어안자는 것이 바로 배려 자본주의이자 윤리적 세계화라고 말한다.

그린은 프로젝트 임팩트의 혁신이 제1, 2, 3섹터의 혁신으로 이어지기를 기대한다. 그러나 프로젝트 임팩트나 오로랩 같은 작은 조직이 할 수 있는 일은 제한적일 수밖에 없다는 현실을 너무나 잘 알고 있다. 따라서 그는 프로젝트 임팩트의 앞으로의 과제는 모든 기업들의 행동과 생각을 바꾸는 것이라고 한다. 다시 말해 다국적 기업들이 어려운 사람들을 돕고 세상을 변화시키는 데 그들이 지닌 기술력과 자본을 쓰도록 설득하는 것이다. 요컨대 정부와 기업과 시민단체의 참여를 이끌어 내어 도움이 필요한 사람들에게 손길을 내미는 것, 그것이 바로 프로젝트 임팩트의 궁극적인 과제이다.

그는 그러한 사회적 혁신을 준비하는 이들에게 이렇게 당부한다.

"부단히 움직여라. 두려움이 밀려들고 실패의 길로 접어들었다고 생각될 때조차도 멈추지 마라. 어떠한 역경이 닥치더라도 세상을 변화시키기 위한 활동을 지속할 수 있는 방법을 찾아야 한다."

초모르에서는 장애인도
디스코를 춘다

에르지벳 세케레시 Erzébet Szekeres

장애인 아들을 돌보는 데 지친 에르지벳 세케레시(Erzébet Szekeres)는 어느 날 문득 연필을 들고 백지 한가운데에서 굵게 선을 내리그었다. 그런 다음 굵은 선 왼쪽에 '티보르는 결코 결혼할 수 없을 것이다.'라고 적었다. 오른쪽에는 이렇게 적었다. '많은 사람들이 결혼하지 못한다.' 요리는 어떨까. 왼쪽에는 '티보르는 요리를 할 수 없다.'고 적었고, 그 오른쪽에는 '요리를 하지 못하는 사람들은 많다.'고 적었다. 세탁도 마찬가지였다. '티보르는 자기 옷을 스스로 빨아 입지 못할 것이다.'의 반대편에는 '상당히 많은 사람들이 자기 옷을 세탁하지 않는다.'고 적었다.

에르지벳은 그렇게 장애인 아들 티보르와 장애가 없는 사람들 사이를 왔다 갔다 하며 할 수 있는 일과 할 수 없는 일을 적어 내려갔다. 그런데 비교 항목을 아무리 늘려도 왼쪽과 오른쪽이 별 차이를 보이지 않았다. 그 대차대조표를 통해 에르지벳이 내린 결론은 하나였다. 장애인과 장애가 없는 사람들이 하는 일 사이에는 질적인 차이가 없다는 것이었다.

'장애가 없는 사람들의 눈으로 장애가 있는 사람들을 재단하지만 않는다면 장애인을 차별해야 할 이유 따위는 없다.'

에르지벳은 장애인을 차별하고 격리하는 것이 아니라, 장애인이 장애가 없는 사람들과 더불어 살 수 있게 하는 일에 팔을 걷어붙였다. '장애인의, 장애인에 의한, 장애인을 위한' 헝가리의 장애인 공동체 초모르(Czömör)의 실험은 이렇게 시작되었다.

1982년에 처음 씨를 뿌린 에르지벳의 초모르 공동체는 꾸준히 그 수를 늘려 현재 헝가리 전역에 21곳이나 된다. 이곳에서는 800여 명의 중증 장애인들이 쇠창살로 고립된 장애인 시설을 벗어나 함께 일하며 생활하고 있다. 여기서는 장애인이라는 편견도 없다. 초모르 공동체에서 장애인들은 수용자가 아니라 '주민'이고, 이들을 돕는 사람들은 관리자가 아니라 '도우미'로 불린다. 장애인들은 술도 마시고 담배도 피우며, 저녁이면 디스코텍에서 춤을 추거나 연애를 하기도 한

초모르 공동체의 설립자 에르지벳 세케레시와 그의 아들 티보르

다. 정상인이 하는 모든 일을 장애인이라는 이유로 금지하지 않는 것이다. 뿐만 아니라 초모르 공동체는 장애가 없는 사람들에게도 새로운 삶을 열어 주고 있다. 이곳에서는 장애인 도우미 양성을 위한 직업 교육을 실시하고, 사회적 일자리도 만들어 내기 때문이다.

초모르 공동체는 이렇듯 장애인 아들을 둔 한 엄마의 열정에서 시작되어 장애인의 삶은 물론이고, 장애인을 바라보는 비장애인의 시선까지 바꾸어 헝가리의 사회적 변혁에 일조하고 있다.

엄마의 힘

에르지벳은 1976년에 아들 티보르를 낳았다. 그런데 아이는 태어나면서부터 이상하리만치 울음을 그치지 않았다. 부다페스트 인근 공장에서 도자기에 그림을 그리고, 봉제 공장에서 재봉틀을 돌리던 에르지벳은 쉴 새 없이 울며 보채는 아이 때문에 밤마다 잠을 설칠 수밖에 없었다.

2년을 그렇게 보내고 나서야 에르지벳은 아이가 왜 그리 칭얼거리며 보챘는지 그 이유를 알게 되었다. 티보르는 뇌가 비정상적으로 작은 소뇌증이라는 병을 앓고 있었다. 의사는 아이가 네 살을 넘기지 못할 거라는 말까지 했다. 아이는 말을 하지 못했고, 안아서 흔들어 주지 않으면 울음을 그치지 않았다. 아이 때문인지 에르지벳의 결혼 생활도 위태로워졌다. 주변에서는 아이를 장애인 시설에 보내라고 충고했다. 하지만 말도 못하고 대소변도 가릴 수 없는 아이를 맡길 믿을 만한 시설을 찾기는 여간 어려운 일이 아니었다. 아이를 돌보며 생계까지 꾸려야 했던 에르지벳은 봉제 공장에서 일감을 받아다 집에서 일하기 시작했다. 그는 아이가 잠든 새벽까지 일을 했다. 다행히 티보르는 타고난 수명이라던 네 살을 무사히 넘길 수 있었다.

에르지벳이 장애인과 비장애인 간의 대차대조표를 만들고, 마음을 바꿀 수 있었던 것은 티보르가 여섯 살 되던 1982년의 일이었다. 당시 에르지벳은 티보르를 돌보느라 잊고 있었던 자신의 꿈을 떠올렸다. 그의 꿈은 여행객들이 잘 가꾸어진 정원에서 맥주를 마시며 쉴 수 있는 깔끔한 게스트 하우스를 여는 것이었다. 그는 이제 아들 티보르를 위해 게스트 하우스를 열어야겠다고 마음먹었다. 티보르가 그 집에서 일도 하고, 다른 사람들과 어울리게도 해 주고 싶었다.

에르지벳은 우선 전국장애인협회에 가입해 장애인 서비스 개선에 대한 청원을 하는 한편, 공동 구매 사업을 통해 다른 장애인 가족을 돕는 일을 시작했다. 이것은 돈을 모아 값싸게 물건을 구입한 뒤 되팔아서 이익이 남으면 출자자들에게 나눠 주는 방식이었다. 당시 헝가리는 공산주의 치하에 있었으므로 공동 구매는 당연히 불법이었다. 그런데 마침 그해에 헝가리 정부가 민영기업을 허용하는 법을 발표했다. 에르지벳은 평소 눈여겨보아 온 부다페스트 근교의 초모르에 있는 버려진 집단농장을 불하 받기 위해 백방으로 뛰어다녔다. 처음에는 코웃음을 치던 정부 관료들도 새로운 장애인 직업 교육 시설을 만들겠다는 에르지벳의 열정에 손을 들고 말았다.

에르지벳은 그렇게 초모르의 땅을 불하 받았다. 하지만 자금도 일손도 턱없이 부족했다. 그는 장애인 단체 2곳에서 돈을 빌려 산업조합동맹(Alliance Industrial Cooperative, 이하 동맹)이란 이상한 이름의 단체를 결성했다. 이런 식의 편법은 그의 활동을 의심의 눈초리로 지켜보던 관료들과 당국의 감시를 피하기 위한 어쩔 수 없는 선택이었다. 그는 우선 노동을 할 수 있는 경증 장애인들과 그 가족들을 초모르로 불러 모아 일손을 늘렸다.

1986년에 헝가리 정부가 도매 사업의 민영화를 승인하자 에르지벳은 공동 구매 사업에 팔을 걷어붙이고 초모르 공동체 건설 자금을 마련했다. 다른 한편으로 복지부와 노동부, 재무부를 상대로 동맹에 대한 자금 지원을 집요하게 청원해, 마침내 1989년에 복지부 지원을 얻어 냈다. 관료주의 사회에서 정부의 지원은 결정적이었다. 덕분에 지지부진하던 초모르 공동체 건설이 7년 만에 본궤도에 올랐다.

또한 정부로부터 받은 장애인 고용 보조금으로 더 많은 장애인을 받아들이고 고용할 수 있게 됐다. 에르지벳은 비누를 만들고, 재봉틀을 돌리고, 카펫을 짜고, 도자기에 그림을 입히는 등의 장애인들이 할 수 있는 일을 늘려 나갔다. 이 무렵 문을 연 두 번째 초모르 공동체에는 양계장도 만들었다. 초모르는 은행에서 일하던 두 친구가 합류하면서 재정뿐 아니라 사업도 체계적으로 바뀌게 되었다. 장애 정도에 맞게 장애인들이 할 수 있는 일의 종류가 세분화되었고, 보다 많은 장애인에게 일할 기회가 주어졌던 것이다.

에르지벳은 당시를 회상하며 이렇게 말한다.

"뭔가를 절실하게 원한다면 하고, 또 하고, 또 해야 한다. 1989년 복지부의 결정이 떨어지기 한 달 전에 내가 포기했더라면 초모르 공동체는 꿈으로 끝났을 것이다."

초모르 공동체는 1994년에 법이 바뀌어 민간 재단이 장애인 복지시설을 운영하는 것을 허용하기 전까지만 해도 불법이었다. 하지만 수차례에 걸친 법 개정 작업을 통해 헝가리 정부의 민영화 프로그램이 본격적으로 진행됨에 따라 에르지벳은 재단을 설립했고, 더 늘어난 장애인 고용 보조금을 바탕으로 2년 새 초모르 공동체를 7곳으로 확산했다.

입소문이 나면서 초모르에 입주하려는 장애인 대기자 명단은 점점 쌓여 갔지만 초모르 공동체가 이들을 다 받아들일 수는 없었다. 그리하여 에르지벳은 초모르 공동체의 방식을 다른 이들이 적용할 수 있도록 장애인 가족이나 다른 장애인 시설 운영자를 대상으로 한 교육 프로그램을 열기도 했다.

1997년에는 아쇼카 재단도 에르지벳의 초모르 공동체 실험에 힘을 보태기 시작했다. 이런 후원 재단이 힘을 보태 1997년부터 2001년까지 13곳의 초모르 공동체가 더 생겨났다.

장애인에 대한 편견과 고정관념을 깨다

에르지벳이 가장 공을 들인 대목은 '장애인의, 장애인에 의한, 장애인을 위한'이라는 초모르 공동체의 모토를 실천하는 것이었다. 이를 실천하는 데 있어 가장 어려운 점은 공동체에 거주하는 장애인들에게 신뢰를 심어 주는 일이었다. 공동체에 거주하는 대부분의 장애인들은 그들을 차별하고 감시하며 지시하는 시설에 수용됐던 아픈 기억을 가지고 있었다. 에르지벳은 기존의 장애인 시설은 장애인을 위한 곳이 아니라 시설의 관리자들을 위한 곳에 불과하다고 보았다.

에르지벳은 가학적이고 비인간적인 시설에 길들여진 장애인들이 자유롭게 생활하며 일할 수 있도록 하기 위해서는 우선 가장 기본적인 사회생활의 기술부터 가르쳐야겠다고 생각했다. 이를 위해 그는 도우미를 선발했다. 그가 도우미를 선발할 때의 기준은 무엇보다도 지원자가 장애인을 이상하게 여기지 않는 열린 생각을 갖고 있는가였다. 기존 장애인 시설에서 일한 사람은 도우미로 받아들이지 않았다. 장애인 시설에 있는 동안 알게 모르게 그들 안에 자리 잡은 장애인에 대한 편견을 바꾸기 힘들다고 생각했기 때문이다.

또한 도우미 지원자에게는 3주간 교육도 실시했다. 여기서도 도우미 스스로 마음속의 편견을 찾아내 없애도록 하는 데 가장 큰 힘을 쏟았다. 예를 하나 들자면 에르지벳은 교육이 진행되는 동안 도우미들로 하여금 매일 보고서를 쓰게 하고, 그 보고서를 자신이 직접 검토했다. 그런데 한번은 도우미 지원자가 보고서에서 'A가 그러면 안 되는데도 이번 주 내내 오후 시간을 TV만 보며 소일했다.'고 적었다. 에르지벳은 그 지원자를 불러 이렇게 되물었다.

"어떤 장애인도 당신에게 자유 시간을 어떻게 보내야 한다고 말하지 않는데, 왜 당신은 그들에게 자유 시간을 이렇게 보내면 안 된다고 말하는 거지요? 그렇다면 당신은 그 장애인에게 TV 시청을 대신할 만한 다른 여흥을 제공했나요?"

도우미 지원자들은 3주간의 교육을 마치고 현장에 투입되더라도 3개월 뒤에 있는 초모르 공동체 회의에서 동의를 얻지 못하면 그 일을 그만두어야 한다. 초모르는 이처럼 철저하게 장애인 중심의 공동체 사회이다.

에르지벳은 규정에서 벗어난 행동을 한 장애인을 관리자가 몽둥이로 다스리거나 독방에 가두는 기존 장애인 시설의 관행을 철저히 거부했다. 그는 초모르 내에서 분쟁이 발생하면 그룹별로 자율적으로 해결하도록 원칙을 세웠다. 예컨대 남자가 여자를 괴롭힐 경우, 스스로 나쁜 행동을 그만둘 때까지 다른 동료들이 그 남자를 따돌리는 식이다. 놀랍게도 이런 방식은 지금도 멋지게 작동하고 있다.

장애인들의 노동에 대해서도 마찬가지이다. 우선 일에 따라 그 난이도를 세세하게 구분한다. 장애인들에게 너무 무리한 일을 시켜서도 안 되지만, 그렇다고 너무 단조로워 실증을 느끼게 해서도 안 된다는 생각에서이다. 아울러 장애인 스스로 일에 대한 의욕을 갖게 하는 데 힘을 쏟는다. 일을 해야 돈을 벌 수 있고, 그것이 자신들의 삶을 풍요롭게 하는 데 보탬이 된다는 점을 일깨워 주는 것이다.

장애인들에게 왜 돈을 벌게 하는가. 에르지벳은 초모르 공동체가 장애인들에게 정신적·신체적으로 아무리 좋은 조건을 마련해 준다고 해도 보통의 주택가에서 비장애인들과 어울려 사는 것만 못하다고 믿는다. 그래서 그는 장애인들을 초모르에서 독립시키는 일에도 매우 적극적이다. 1994년 이래 열심히 일해서 모은 돈으로 아파트를 사서 초모르에서 독립한 장애인만도 150명에 달한다. 에르지벳은 궁극적으로 장애인이 그들만의 공동체를 벗어나 사회의 일원으로 정당하게 대접 받는 세상을 꿈꾸고 있는 것이다.

초모르를 찾은 사람들은 자신이 그간 장애인에 대해 얼마나 많은 편견을 가지고 있었는지 깨닫게 된다. 초모르에는 아파트와 작업장, 회의장, 온갖 상점 들이 가지런하다. 모든 문은 열려 있고, 작업장에서는 장애인들이 저마다의 일에 몰두하고 있다. 도자기에 그림을 그리는 일에서부터 군용 송수신기 조립에 이르기까지 그들이 하는 일은 실로 다양하다. 식당에서는 장애인과 도우미란 구별 없이 모두가 사기 접시와 스테인리스로 된 포크와 나이프를 쓴다. 플라스틱 접시를 사용해야 깨뜨리는 일이 없지 않겠느냐는 것은 편견이다. '장애인은 접시를 깨뜨릴 수 있다.'는 생각을 '많은 사람들이 접시를 깨뜨린다.'는 사실에 견주어 보면 답은 간단하다. 에르지벳이 장애인과 비장애인에 대한 대차대조표를 만들며 스스로에게 던졌던 질문들은 결국 장애인에 대한 편견을 깨는 작업이었던 것이다.

초모르의 장애인 주민들은 자유롭고 건강하다. 잠옷을 걸치고 약에 절어 초점 잃은 눈을 한 장애인은 찾아볼 수 없다. 그들은 친구를 만나고 싶으면 만나고, 춤을 추고 싶으면 디스코텍으로 가면 그만이다. 초모르의 디스코텍에는 인근에 사는 비장애인들도 와서 같이 어울린다고 한다. 술도 허용된다. 약을 복용하고 있지 않은 경우에 한해서 과음하지 않으며 행패를 부리지 않는다는 조건을 두고 술을 마신다. 실제로 음주 때문에 장애인들이 사고 치는 일은 거의 없고, 오히려 도우미들의 과음을 단속하는 게 일이라고 한다.

초모르를 찾은 사람들이 또 한 번 놀라게 되는 것은 여느 장애인 시설과는 다른 도우미들의 태도이다. 한 도우미는 자기는 말 그대로 도우미라며 장애인들이 도와 달라고 하면 도와주고, 도움을 요청하지 않으면 돕지 않는다고 당당하게 말한다. 장애인을 감시하고 지도해야 하는 대상으로 여기는 것이 아니라, 단지 정신이나 신체가 불편한 똑같은 인간으로 보는 것이다.

네 살을 못 넘긴다던 티보르는 이제 서른을 넘겼다. 목욕할 때 혼자 비누칠도 못할 뿐 아니라 말도 서툴고 신발 끈도 못 매지만, 티보르는 초모르에서만큼은 당당한 공동체의 일원이다. 그는 낮 동안 공장에서 일하는데, 누구보다 꼼꼼하게 조립이 끝난 제품의 검사를 해낸다. 티보르는 집에 돌아오면 엄마가 저녁 식사를 준비하는 동안 옆에서 야채 다듬는 것을 돕기도 한단다.

에르지벳이 장애인을 차별하지 말고 비장애인과 동등하게 살도록 해 주어야 한다고 주장하며 초모르 공동체 설립을 제안했을 때, 대부분의 정신과 의사와 장애인 전문가, 심지어 적지 않은 장애인 부모들까지도 반대하고 나섰다. 하지만 에르지벳의 초모르 공동체 실험은 옳았다. 그는 초모르 공동체를 통해 수많은 이들의 편견의 벽을 깨고 그들을 변화시킴으로써 장애인 아들을 둔 한 사람의 어머니일 뿐이라며 비웃은 이들이 틀렸음을 세상에 알렸다. 또한 그의 능동적인 삶은 사회적 변혁이 책상머리에 앉아 세상을 분석하거나 목소리만 높여서 되는 것이 아니라, 해야 되는 일을 하고, 또 시작한 일은 해내고야 마는 실천을 통해 '만들어지는' 것임을 웅변하고 있다.

슈와브 재단은 에르지벳의 그러한 사회적 혁신성을 높이 사 2007년에 '올해의 사회적 기업가'로 선정했다.

가난을 벗어나게 해 주는 값싼 기술

마틴 피셔Martin Fisher

사람이 발로 밟아서 작동시키는 관개용 펌프 머니메이커(MoneyMaker)는 과연 가난한 아프리카 농민들에게 그 이름처럼 돈을 벌어 줄 수 있을까. 지구촌에서 빈곤을 없애겠다는 목표를 내건 비영리 단체가 하루 1달러로 먹고사는 극빈자들에게 대당 80달러나 하는 펌프를 판매하는 것이 합당하기나 한 일일까. 그런 단체가 사회적 혁신의 선두주자이자 사회적 기업의 대표가 될 수 있을까.

'창업을 위한 적절한 기술(Appropriate Technologies for Enterprise Creation)'을 모토로 지구촌 빈곤 퇴치에 나선 비영리 사회적 기업 킥스타트(KickStart)의 창립자 마틴 피셔(Martin Fisher)는 이러한 질문에 대해 케냐의 농민 응엔가 키마니를 예로 들어 답한다.

언뜻 보기에 조잡하고 보잘것없는 머니메이커는 키마니의 삶을 근본적으로 바꿔 놓았다. 키마니와 그의 아내는 종묘원을 운영하고 있었다. 그런데 건기 때마다 물을 대는 것이 큰 고민거리였다. 키마니 부부는 건기 때만 되면 웅덩이를 왔다 갔다 하며 하루 종일 양동이로 물을 날라야 했다. 모터 펌프를 설치하면 간단히 해결될 문제겠지만, 하루 벌어 하루 먹고살기 바쁜 그들에게 그건 그림의 떡이었다. 종자와 묘목을 팔아 한 달에 고작 20달러의 소득을 올리는 그들에게 모터 펌프는 턱없이 비쌌던 것이다.

그러던 어느 날 키마니 부부는 킥스타트가 마련한 시연회에서 그동안 어렵사리 모아 두었던 80달러를 들여 머니메이커를 구입했다. 그들로서는 엄청난 거금을 쓴 셈이었다. 머니메이커는 생각보다 설치가 간단했고, 물이 필요할 때는 발로 발판을 밟기만 하면 그만이었다. 머니메이커의 사용 효과는 금세 나타나 키마니 부부의 소득은 열 배 이상 늘어났다. 키마니 부부의 종묘원은 요즘 월 250달러를 벌어들이고 있다.

키마니처럼 머니메이커의 도움으로 소규모 창업을 한 농민은 케냐에서만 4만여 명에 이른다. 아프리카에서는 킥스타트의 머니메이커 덕에 2006년에만 9200가구의 농민이 창업했고, 이들의 매출만 해도 1000만 달러가 넘었다. 그리고 지금까지 전 세계적으로 머니메이커 덕분에 가난에서 벗어난 농민은 24만 명이나 된다. 피셔는 2010년까지 그 수를 40만 명으로 늘리겠다고 호언한다. 피셔의 계획이 기존의 머니메이커 보급에만 머물러 있는 것은 아니다. 그는 머니메이커보다 작고 값싼 미니 머니메이커도 새롭게 개발했다.

피셔는 "아프리카의 가난한 농민들에게 적절한 기술과 수단을 '판매'함으로써 그들 스스로 돈벌이를 할 수 있도록 해 준다면, 그것이야말로 지속 가능한 빈곤 탈출 방식이 아니겠느냐."고 반문한다.

가난한 농민들을 위한 적절한 기술

1991년 피셔는 닉 문(Nick Moon)과 의기투합해 킥스타트의 전신인 어프로텍(ApproTEC)을 만들었다. 그들이 처음 만난 것은 둘 다 영국의 비영리 단체인 액션에이드(ActionAid)의 일원으로서 케냐에서 활동할 때였다. 당시 문은 주택 리모델링 사업을 그만둔 상태였고, 피셔는 스탠퍼드 대학에서 공학 박사학위를 받은 뒤 뜻한 바 있어 액션에이드에 참여하고 있었다.

　피셔와 문이 초기에 모토로 내걸었던 어프로텍, 즉 '적절한 기술'은 E.F. 슈마허가 그의 책 『작은 것이 아름답다(Small is Beautiful-A Study of Economics as if People Mattered)』(1973)에서 말한 '인간 중심의 기술'을 가리키는 말이었다. 일찍이 슈마허는 2차 대전 이후에 일어난 대량 생산과 대량 소비 등 '큰 것'에 대한 추구가 부자 나라와 가난한 나라 사이의, 또 부자와 가난뱅이 사이의 소득 격차를 벌릴 뿐 아니라 생태적으로도 지속 가능하지 않다고 지적했다. 그는 책에서 거대 자본을 투입하고 막대한 에너지를 소비하며 인간을 배제한 대량 생산과 대량 소비에 대한 해독제로서 '대중에 의한 중간 기술'을 제시했다. 그것은 생태적으로 지속 가능하고 희소한 자원을 낭비하지 않으며 인간이 기계에 봉사하는 것이 아니라 기계가 인간에게 유용하도록 만들어 주는 기술, 즉 '대중에 의한 적절한 기술'을 의미했다. 피셔와 닉이 의기투합했던 접점은 그런 기술 가운데서도 아프리카의 가난한 농민들이 이용할 수 있는 적절한 기술의 개발이었다.

　피셔는 액션에이드의 일원으로 케냐로 가기 전에 페루를 여행하면서 빈곤의 실체를 체험하게 된다. 그리고 공학도로서 사람들이 가난에서 벗어날 수 있게 하는 일이 무엇인지를 진지하게 고민했다. 그 후 피셔는 문과 함께 아프리카 빈민들의 삶을 들여다보고 그들이 빈곤에서 벗어날 수 있는 새로운 방법을 모색하기 시작했다.

그들이 어프로텍이라는 거창한 구호를 내세우긴 했지만, 접근 방식은 대규모 원조를 끌어들이는 것과는 거리가 멀었다. 이들은 사소하지만 아프리카의 가난한 농민들의 피부에 쉽게 와 닿을 수 있는 미시적 접근법을 시도했다. 첫 시도는 농민들이 직접 기름을 짜낼 수 있는 착유기를 만들어 보급하는 것이었다. 하지만 식용유 산업과 유착된 케냐 정부 관리들의 방해로 그 일은 실패로 끝나고 말았다. 피셔와 문은 좌절을 딛고 농민과 관개에 대한 문제로 다시 눈을 돌렸다. 그 결과물이 바로 관개용 펌프 머니메이커였다.

피셔가 처음 케냐에 왔을 때 열 달 정도만 머물 생각이었다. 그러나 어프로텍을 세우고 머니메이커를 개발하여 보급하는 사이 어느덧 강산이 두 번 바뀔 만한 세월이 흘렀다. 이는 가난한 사람들을 위한 기술을 개발하고 공급한다는 것이 결코 쉬운 일은 아니었음을 보여 준다. 결국 공학도로서 가난한 사람들을 위해 할 수 있는 일에 대한 고민에서 출발한 이 어프로텍 사업은 그로 하여금 빈곤 퇴치를 평생의 업으로 삼게 만들었던 것이다.

그런데 가난한 농민들을 돕기 위해 만든 펌프의 이름을 왜 하필 머니메이커, 다시 말해 '돈 버는 기계'라고 했을까. 피셔는 이렇게 설명한다.

"사람들은 보통 시간을 절약해 주거나 힘을 덜 소모하게 만드는 제품들을 구입한다. 그러나 그런 제품들은 대부분 가난한 사람들에게는 무용지물이다. 왜냐하면 가난한 사람들은 돈만 없을 뿐 시간과 노동력은 남아돈다. 그들에게 필요한 것은 바로 돈이다. 아프리카의 가난한 농민들에게 10달러는 매우 큰돈이고, 10달러 이상의 값비싼 제품이라면 돈을 절약하는 것이 아니라 돈을 벌 수 있게 해 주는 것이어야만 한다. 요컨대 관개용 펌프가 돈을 벌어 주는 기계라는 것을 분명히 하기 위해 머니메이커라고 이름 붙인 것이다."

피셔는 처음에 케냐의 농민들이 건기에 관개 시스템을 활용하지 않는다는 점에 의문을 가졌다. 농민들 대부분은 양동이로 웅덩이의 물을 길어다가 작물이 말라 죽지 않을 정도로만 물을 공급했다. 나중에 알고 보니 시중에 모터 펌프가 나와 있기는 했지만, 설치가 복잡하고 무엇보다 값이 비싸 농민들은 살 엄두도 내지 못하는 실정이었다.

하지만 이제 머니메이커를 구입한 농민들의 소득은 평균 열 배 이상 급증했다. 머니메이커 하나로 건기의 관개 문제가 간단하게 해결된 까닭이다.

머니메이커는 현재 독자적인 영리 기업이 생산과 판매를 담당한다. 이 대목이 바로 킥스타트만의 독특한 비즈니스 모델이다. 킥스타트가 빈곤 퇴치라는 사회적 목표 하에 값싸고 유용한 기술을 개발하면, 그 기술을 현지의 영리 기업들이 생산, 판매하고, 농민들은 시장에서 제품을 구입해 소득을 늘리는 것이다.

킥스타트가 영리 기업과 손을 잡은 이유에 대해 피셔는 "우리가 사회적인 대의만 고집했다면 사회적 영향력을 지금과 같이 크게 확대하지 못했을 것이다."라고 설명한다. 그는 이처럼 시장경제의 틀 속에서도 사회 문제의 해법을 도출할 수 있다고 믿었던 것이다.

피셔의 현재 목표는 머니메이커를 통해 2010년까지 케냐와 탄자니아에서 4만 개의 소액 창업을 유도하는 것이다. 아울러 사하라 이남의 아프리카뿐 아니라 전 세계 빈곤 지역으로 이 모델을 확산하는 계획도 추진 중이다.

시장 안에서 해답을 찾다

킥스타트는 현재 가난한 농민들이 실질적으로 가난에서 벗어날 수 있도록 만드는 기술을 개발하는 데 주력하고 있다. 영리 기업들이 10퍼센트의 부자들을 위해 디자인과 제품 개발에 힘을 쏟는다면, 킥스타트는 나머지 90퍼센트의 사람들이 기술의 혜택을 입을 수 있도록 하는 데 힘을 쏟는다. 가난한 농민들이 구입할 수 있고 돈벌이에 이용할 수 있는 값싼 제품을 개발함으로써 지구촌 빈곤 퇴치라는 목표를 이루겠다는 것이다. 아울러 킥스타트는 그들이 개발한 제품의 디자인과 기술을 제조 업체에 전수하고 그에 대한 일정 로열티를 받음으로써 수익을 내는데, 15달러의 수익이 날 때마다 1달러씩을 떼어 자선단체에 기부한다.

하지만 과연 펌프 하나로 아프리카의 광범하고 뿌리 깊은 빈곤을 퇴치할 수 있을까. 피셔는 완벽하지는 않지만, 그것이 지속 가능한 해법이라고 믿어 의심치 않는다. 그는 아프리카 전체 인구의 80퍼센트가 농민이라는 사실에 주목한다. 이들 농민이 가진 것이라고는 손바닥만한 땅뙈기와 자신의 노동력이 전부이다. 이들에게 유일한 창업의 기회는 자급자족 농업을 돈벌이 농업으로 전환하는 것이다. 관개용 펌프는 농민들에게 이러한 기회를 제공한다. 펌프를 가지고 걷기 때마다 일어나는 물 부족 문제를 해결함으로써 농업 생산량을 크게 늘릴 수 있기 때문이다. 펌프를 이용하는 농민들은 연평균 소득이 110달러에서 1100달러로 늘어났는데, 이는 아프리카에서 절대 빈곤층이 중산층으로 계층이 상승한 것을 뜻한다.

피셔의 궁극적 목표는 가난한 사람들이 스스로 가난에서 벗어날 수 있도록 해 주는 것이다. 피셔는 가난하다는 것은 돈을 버는 방법을 모

르고 있다는 얘기와 마찬가지라고 생각한다. 이는 빈곤에 대한 기존의 접근법과는 상당히 다른 입장이다. 빈곤은 전통적으로 '식수와 위생, 교육 따위의 결핍'으로 정의되어 왔다. 그러나 문제의 핵심은 시장경제 체제 하에서는 누구나 화폐경제 속에서 살아가고 있다는 점이다. 화폐경제 속에서는 돈만 있으면 필요한 것들을 얼마든지 구입할 수 있다. 따라서 가난한 사람이 빈곤에서 벗어나게 해 주려면 돈을 벌수 있는 방법을 찾아 주면 되는 것이다.

그렇다면 피셔는 왜 가난한 농민들에게 머니메이커를 거저 나눠 주지 않고 돈을 받고 파는 방법을 선택했을까. 그는 무상 보급이 늘 바람직한 것은 아니라고 생각한다. 피셔는 무상으로 주는 것은 네 가지 점에서 나쁘다는 견해를 갖고 있다.

첫째, 공정하지 못하다. 필요로 하는 모두에게 거저 줄 수 있는 게 아니라면 누구는 거저 주고 누구는 주지 않아야 하는데, 주어야 할 사람과 주지 말아야 할 사람을 공정하게 판단하여 가려내기는 결코 쉬운 일이 아니다. 둘째, 지속 가능하지 않은 접근 방법이다. 일단 무상으로 제공하면 그들은 또다시 너무나 쉽게 손을 내밀게 된다. 셋째, 무상으로 나눠 주게 되면 해당 지역의 시장경제를 왜곡시킬 수 있다. 더구나 공짜로 받는 사람들이 고마워하지도 않고, 유용하게 쓰지도 않는다면 서랍 속에 처박히는 선물과 같은 꼴이 되기 십상이다. 넷째, 무엇보다 공짜는 사람들의 의존성을 키우게 된다. 이는 결코 간과할 수 없는 일이고, 그에 따른 사회적 비용의 손실 또한 실로 막대하다.

이러한 이유 때문에 피셔는 시장경제의 틀 속에서 가난한 농민들을 위해 머니메이커의 지속 가능한 보급망을 확보하려 했던 것이다.

피셔는 기존의 퍼주기식 개발도상국 지원에 대해 대단히 회의적이다. 그와 같은 방식은 사람들로 하여금 과거의 경험에서 배우지 못하고 똑같은 실수를 반복하게 만들기 때문이다. 지금 당장이라도 비행기를 타고 빈곤 지역으로 달려가 그들이 필요로 하는 물품을 제공할 수는 있다. 하지만 그렇게 해서는 빈곤 문제가 근본적으로 해결되지 않는다. 원조자가 처음에 의도했던 해법, 다시 말해 가난한 사람들에게 어느 정도 지원을 해 주면 그들이 희망을 찾고 자립할 것이라는 낙관은 종종 작동하지 않는다.

지금까지 빈곤 지역의 개발과 발전 방향에 대해서 정부와 시민단체가 주축이 되어 지역사회를 단위로 한 사회 공학적인 접근을 해 왔다. 하지만 피셔의 생각은 이와 다르다. 피셔는 기존의 기업 섹터를 활용해 개인들에게 필요한 물품을 값싸게 공급하는 것이야말로 보다 효율적인 빈곤 문제 해결법이라고 생각한다.

피셔는 영리를 추구하는 시장에 비영리적 활동이 결합될 때, 거기서 효율적인 빈곤 퇴치 해법이 나온다고 확신한다. 따라서 킥스타트는 제품의 기획에서 생산과 판매에 이르는 공급 체인의 모든 참가자들이 돈을 벌 수 있도록 고안되었다.

예를 들면 이런 식이다. 킥스타트는 펌프를 대량으로 생산하는 대형 공장과 제품을 팔 수 있는 유통망을 동시에 확보하고 있다. 케냐의 경우 현재 250여 개의 소매상이 각지에서 펌프 영업을 하고 있다. 킥스타트가 개발한 펌프는 생산자와 유통업자도 돈을 벌고, 소비자들도 제품을 가지고 창업을 함으로써 수익을 늘리는 지속 가능한 생산과 소비의 선순환 구조를 형성하고 있다. 따라서 킥스타트가 없더라도 이들은 각자의 영역에서 제품을 생산하고 영업을 지속할 수 있다.

피셔는 사회적 기업가가 되려는 사람들에게 이렇게 말한다.

"자신의 아이디어가 실제로 적용될 수 있다는 사실을 입증하는 것이 무엇보다 중요하다. 현실에서 적용 가능해야 하고, 값싼 제품을 만들어 보급하되 무엇보다 그 영향이 지속적이어야 한다. 이를 위해서는 투철한 기업가적 정신을 가져야 하지만 억만장자가 되겠다는 꿈은 버려야 한다. 사회적 기업가가 되는 것은 대단히 힘든 일이다. 하지만 그 길에 들어서면 가난한 사람들을 빈곤에서 벗어나게 해 줄 수 있다."

전 세계 프리랜서여, 단결하라!

사라 호로위츠Sara Horowitz

"사양 기업은 있어도 사양 산업은 없다."는 말이 있다. 어떤 기업이든 변화에 적응하지 못하고 혁신을 게을리 하면 망할 수밖에 없으며, 뜨는 산업이냐 지는 산업이냐는 중요한 문제가 아니라는 뜻이다. 요컨대 개인에게 있어서도 조직에 있어서도 중요한 것은 '진화'이다. 그렇다면 세계화와 신자유주의의 확산에 따라 존폐의 위기를 맞고 있는 노동조합은 사양 기업일까, 사양 산업일까?

사라 호로위츠(Sara Horowitz)는 "노동조합은 절대 사양 산업이 아니다."라고 단언한다. 뉴욕 출신의 노동 운동가 호로위츠는 노동조합이 역사책이나 박물관으로 사라지게 될 것이란 전망을 단호히 거부한다. 선진국에서 노조 가입자가 줄어드는 것은 노조 운동이 수명을 다해서가 아니라, 기존의 노조들이 시대의 변화에 발맞추어 적절히 진화하지 못했기 때문이라는 것이다. 노조 가입률이 현저하게 떨어지고 있는 기존의 노조는 사양 기업일 뿐 사양 산업은 아니라며, 호로위츠는 이렇게 덧붙인다.

"노동조합주의가 종말을 고하고 있다는 분석에 대해 나도 어느 정도 동의한다. 하지만 그것은 어디까지나 기존 노동조합주의가 그렇다는 것이다. 기업과 마찬가지로 노동조합주의도 지속적으로 진화해야 한다. 우리는 1800년대에 산업혁명이 시작된 이래 세 번째 단계의 노동조합 운동을 맞고 있다. 수공업자 조합 운동과 1930년대 산업노동자 노동조합 운동에 이어 지금 새로운 역사를 쓰고 있는 것이다. 앞으로 노동조합은 특정 사업장에 속박되지 않을 것이며, 단체 협상을 통해 교섭력을 발휘하지도 않을 것이다. 우리는 노동조합 운동의 새로운 단계에 맞게 그 대의를 설파하고 교육도 하는 새로운 조직을 세울 필요가 있다. 노동조합주의 역사 자체가 종말을 고한 것은 결코 아니다. 노동자의 삶의 질을 한 단계 끌어올리기 위한 의도는 여전히 유효하다. 단지 이를 위한 조직과 전술이 진화해야 하는 것뿐이다."

프리랜서 노동조합의 설립자 사라 호로위츠

노동조합을 사회적 기업화하다

호로위츠의 얘기는 절대로 빈말이 아니다. 실제로 그는 기존의 정규직 중심 노조들이 끌어안지 못하는 비정규직 노동자의 조직화에 주목할 만한 성과를 올리고 있다. 미국에서 비정규직은 전체 노동자의 3분의 1에 달한다. 그는 이들을 새롭게 조직하기 위해 2001년 프리랜서 노동조합(Freelancers Union, 이하 프리랜서 노조)을 만들었다. 이는 기존의 전통적인 노동조합이 끌어안지 못하던 시간제 노동자와 파견직 노동자, 그래픽 디자이너, 신문이나 잡지의 자유 기고가, 컴퓨터 프로그래머와 같은 프리랜서, 가정부와 자영업자 등을 대상으로 한 것이다.

2007년 6월 현재 프리랜서 노조의 조합원은 5만 명에 달한다. 뉴욕 주에 있는 노동조합 가운데 조합원 규모로는 일곱 번째이다. 프리랜서 노조는 현재 코네티컷 주를 비롯해 4곳에 지부를 두고 있으며, 미국 전역뿐 아니라 다른 나라의 비정규직 노동자들과도 연대를 확대할 계획이다.

호로위츠는 노동자의 삶의 질을 끌어올려야 하는 한, 그리고 그 같은 요구가 있는 한 노조는 꼭 필요하다고 생각한다. 따라서 노조는 노동자들이 절실하게 필요로 하는 것을 찾아내고 그들에게 실질적인 해법을 제시할 수 있어야 하며, 이를 위해 '새로운 뉴딜(new New Deal)'이 필요하다고 주장한다. 실제로 미국의 노동 시장은 급격하게 변화하고 있지만, 노동 관련 법규나 사회안전망은 1930년대의 뉴딜식 낡은 틀에 갇혀 시간제 근무자나 프리랜서 같은 비정규직 노동자들을 방치하고 있다. 따라서 기존 노동조합의 혁신이 요구되고 있으며, 제4섹터의 접근, 즉 사회적 기업의 실험을 그 대안으로 모색하게 되었다.

호로위츠는 노동 운동이 '제3의 물결'에 대비해야 한다고 강조한다. 즉 뉴딜(제1의 물결)과 위대한 사회(제2의 물결)에 이어 새로운 사회안전망을 모색해야 한다는 것이다. 그는 새로운 형태의 노동조합 건설을 위해 가장 우선해야 할 것으로 비정규직 혹은 프리랜서(자유 계약직) 노동자의 의료보험 문제를 꼽았다.

미국에서는 의료보험이나 연금이 고용 형태와 연계되어 있어 정규직이 아닌 사람은 보험료를 몇 배나 내야 하는 개인 의료보험에 들거나 절대 아프지 말아야 한다. 충치 하나를 뽑는 데도 의료보험이 없으면 치료비가 1000달러를 훌쩍 넘는 게 미국의 의료 현실이다. 사정이 이런 데도 불구하고 미국의 노동조합은 대기업 정규직만 가입할 수 있도록 되어 있다. 미국 노동조합 가입률은 민간 부문의 경우 9퍼센트 정도밖에 안 되며, 그조차도 제조업에 기반한 대기업에 다니는 사람들이 주를 이룬다. 그리고 전체 노동자의 3분의 1에 해당하는 파견 노동자, 임시직, 혹은 그래픽 디자이너에서 컴퓨터 프로그래머에 이르는 비정규직 노동자들은 노조 가입 자체가 아예 불가능하다. 그들은 서로를 이어 줄 아무런 조직도 갖추지 못하고, 정보도 교섭력도 없는 상태에서 이 살벌한 경쟁의 바다에 떠 있는 셈이다.

프리랜서와 비정규직의 증가 추세에 대해 호로위츠는 가치 판단을 유보한다. 자유직 노동자들이 고용직에 비해 노동 조건이 열악한 것은 사실이지만, 한편으로 최근에는 자유 의지로 대기업에서의 조직 생활을 그만두고 자유직을 선호하는 사람들이 늘어나는 추세에 있고, 그러한 현실을 받아들여야 한다는 생각에서이다. 사람은 누구나 자기가 원하는 일을 할 수 있어야 하고, 그들을 보호하기 위한 최소한의 사회안전망도 확보되어야 한다. 결국 그는 조직의 구속 대신 자유를 선택하는 노동자들이 늘고 있다면, 그들의 고충을 사회적인 방법으로 해결해야 하는 일 또한 당연한 것이라고 생각한다.

호로위츠는 프리랜서 노조를 만들기에 앞서 1995년 비정규직 노동자들을 위한 비영리 단체인 워킹 투데이(Working Today)를 설립했다. 워킹 투데이는 지금도 활동 중인 비영리 단체로 인터넷을 통해 비정규직에게 강요되는 부당 노동 행위에 대한 자문과 노동자 교육, 처우 개선을 위한 각종 서비스를 제공하고 있다. 따로따로 흩어져 있어 한 목소리를 낼 수 없던 비정규직 노동자들은 워킹 투데이를 통해 묶이기 시작했고, 여기서 호로위츠는 비정규직에게 현실적으로 가장 필요한 것은 의료보험임을 깨닫게 된다.

앞에서도 얘기한 것처럼 미국에서는 고용 형태와 복지 수준이 연계돼 있어 비정규직 노동자들은 값비싼 개인 의료보험에 가입하거나 그렇지 않으면 아파도 병원에 갈 엄두를 내지 못하는 게 현실이다. 호로위츠는 묘안을 짜낸 다음 곧바로 행동에 들어갔다. 그는 의료보험 회사를 찾아가 비정규직 노동자들을 한데 묶어 단체로 가입하는 대신 보험료를 낮춰 달라는 협상을 시작했다.

2007년 6월, 프리랜서 노조는 미국의 의료보험 대기업인 유나이티드 헬스케어(United Healthcare)의 자회사 골든 룰(Golden Rule)과 손잡고 집단 가입 형식을 통해 비정규직 노동자들이 싼값에 의료보험 혜택을 받을 수 있게 만들었다. 비정규직 노동자들은 이 의료보험에 가입하면 유나이티드 헬스케어의 의료 네트워크를 통해 미국 30개 주에 있는 4700여 개 병원 53만 명의 의사에게서 진료를 받을 수 있게 된다. 아울러 골든 룰은 비정규직 노동자들이 자신의 상황에 맞는 의료보험에 가입할 수 있도록 일곱 가지 상품을 개발했다. 예컨대 20대 후반의 건강한 독신 남성을 대상으로는 의료비의 80퍼센트까지 보장해 주면서 한 달 보험료가 50달러인 상품을, 4인 가족을 둔 30대 중반을 대상으로는 의료비 전액을 보장해 주면서 한 달 보험료가 380달러인 상품을 마련하는 등 비정규직 노동자들의 선택의 폭을 넓히기 위해 다양한 상품을 개발하고 있다. 상품에 따라 받을 수 있는 의료 서비스의 폭과 보장 혜택이 다르기는 하지만, 프리랜서 노조를 통하면 비정규직 노동자들이 개별로 가입했을 때보다 보험료가 30~50퍼센트 정도 저렴하다.

호로위츠는 "골든 룰과의 의료보험 협정은 모든 비정규직 노동자들이 의료보험 혜택을 누릴 수 있게 하기 위한 첫발을 뗀 것"이라며, 앞으로 보다 많은 가입자를 확보함으로써 보험료를 낮추고 의료 보장의 범위를 확대하기 위해 지속적으로 힘쓰겠다고 한다.

움직이는 사회안전망

호로위츠는 비정규직 의료보험 문제에 대한 해결의 실마리를 제공하면서 제3의 사회안전망으로 '움직이는 사회안전망(Mobile Safety Net)'이란 혁신적 개념을 제안하였다. 이것은 직장을 옮기더라도 보험 혜택이 지속되도록 복지의 혜택을 고용 형태가 아니라 노동자 개인을 중심으로 재편하는 것이다. 호로위츠는 움직이는 사회안전망이 10년 이 내에 가능하다고 보는가라는 질문에 이렇게 답한다.

"움직이는 사회안전망은 집단이나 기업이 아니라 개인에 속해 있고, 따라서 개인에 따라 이동하는 것이다. 움직이는 사회안전망은 지금처럼 일자리에 따라 복지 혜택이 주어지거나 정부에 의해 직접적으로 제공되는 것이 아니라 노동조합이나 비영리 단체, 비정부 기구 등을 통해 제공될 것이다. 그리고 개별 노동자들은 서로의 이익을 위해 단결하고, 노동을 하는 특정 기구의 조직원으로 남게 될 것이다. 앞으로 노동조합이나 비영리 단체, 비정부 기구 등은 조직원들을 위해 지속적으로 서비스를 개선하고, 노동자들의 대표성을 획득하기 위해 서로 경쟁할 것이다."

호로위츠의 프리랜서 노조는 기존의 노동조합과는 그 활동이 확연하게 다르다. 노동자들의 이해를 대변한다는 기본 틀만 같을 뿐 비정규직 노동자의 특성상 단체 행동권과 단체 교섭권을 주장하진 않는다. 그렇다면 일부 정통파 노동 운동가들이 얘기하듯, 프리랜서 노조는 사이비 노동조합일까?

미국의 저명한 사회학자 리처드 세네트(Richard Sennett)는 『새로운 자본주의 문화(The Culture of the New Capitalism)』(2006)에서 프리랜서 노조를 새로운 자본주의에서 진화한 '병렬 조직'으로 규정하고, 기존의 노동조합이 끌어안지 못하는 노동자 문제를 해결하는 대안적인 형태의 노동자 조직이라고 설명했다. 다시 말해 병렬 조직은 근속 연수가 짧아지고 고용이 불안정해지면서 노동자들에게 잃어버린 연속성과 지속성을 제공하는 새로운 조직들이다. 이러한 조직들은 노동조합에 대한 고정관념을 깨고, 조직원들이 연금과 의료보험 혜택을 받을 수 있도록 기존의 노동조합 일을 대행해 주거나 탁아소와 토론회, 사교 모임 등을 조직해 일터에서 사라져 가는 공동체를 제공해 주기도 한다.

또한 병렬 조직들은 새로운 형태의 고용자로서 기존의 경직된 노동조합에 맞선다. 예컨대 기존의 노동조합이 조합원의 임금이나 물질적 개선을 위해 역량을 집중했다면, 보스턴의 비서직 노동조합과 같은 병렬 조직은 미혼모나 여성들의 공동체적 필요에 중점을 둔다. 또 다른 예로 전통적인 노동조합이 예전의 사회 자본주의적 관행을 좇아 조합원들의 고용 안정성 유지에 힘을 쏟았다면, 대안적인 병렬 조직은 은퇴하기에는 아직 이른 나이에 직업을 잃은 사람들에게 일자리를 알선하는 등 노동자들의 직업적 이력이 단절되지 않도록 하는 데 역점을 둔다.

따라서 비정규직 노동자들의 최대 관심사인 의료보험 문제 해결에 앞장서고 있는 프리랜서 노조는 새로운 노동조합의 모델인 병렬 조직의 전형인 셈이다.

노동 운동의 기본으로 돌아가다

호로위츠는 특이한 경력의 '먹물' 노동 운동가이다. 그는 코넬 대학에서 법학을 공부한 뒤 뉴욕 주 변호사가 되었고, 하버드 대학 케네디 스쿨에 들어가 노동 운동과 공공정책을 공부했다. 그의 할아버지는 국제여성섬유노동자연맹 부의장을 지냈고, 아버지와 남편도 노동조합을 위해 일하는 노동 전문 변호사이다. 그에게 '노동조합'이라는 말은 말귀를 알아들을 때부터 접한 매우 친숙한 단어로, 주변 사람들은 호로위츠의 노동 운동을 일러 모태 신앙과도 같다고 했다.

이에 대해 호로위츠는 "지금 내가 하는 일이 타고난 것인지 아닌지는 알지 못한다. 하지만 분명한 것은 어릴 적부터 가족들과 정치 문제에 대해 토론하기를 즐겼다는 점이다."라고 말한다.

노동 운동에 헌신한다는 것은 대단히 험난한 일이다. 미국에서 노동 운동은 그다지 대중적인 일이 아니기 때문이다. 그러나 미국의 장점은 자유로운 생각을 장려하는 열린 문화를 갖고 있다는 사실이다. 이러한 문화적 배경과 함께 미국 노동 운동이 혁신과 진화를 거듭하는 두 가지 요인이 있는데, 하나는 노동자의 조직화에 있어 인터넷과 정보기술의 중요성이 커지고 있다는 것이며, 다른 하나는 노동 분야에서 정통이라고 할 만한 이론가의 권위가 유럽에 비해 상대적으로 약하다는 점이다. 이런 점들이 호로위츠로 하여금 보다 쉽게 발상의 전환을 할 수 있도록 만들었을 것이다.

호로위츠에게 노동조합과 노동 운동이라는 말은 너무나 익숙하다. 하지만 그의 노조관은 구태의연함과는 거리가 멀다. 그는 현장에서 문제를 발견하고, 그 문제의 해법을 찾아내는 것을 자신의 소명으로 여긴다. 그가 자유직 노동자들에게 관심을 갖게 된 계기는 현실과 노동자의 실상 사이에 심각한 괴리가 있음을 발견했기 때문이다. 그는 익숙한 노조와 결별했다. 그리고 노동 운동과 노동조합의 기본으로 돌아갔다. 먼저 노동자들은 지금 어떤 처지인가, 그들이 필요로 하는 것은 무엇인가, 노조의 힘은 어디서 나오는가에 대한 생각을 되짚어 본 다음, 200여 년 역사의 노동조합에서 묵은 때를 벗겨 냈다. 그리고 다시 한 번 노동자와 노동조합의 현실을 살폈다. 오랫동안 숙고한 그의 결론은 참으로 평범했다.

"노조는 노동자들이 문제 해결을 위해 한데 뭉치는 수단이다."

이후 호로위츠는 워킹 투데이를 운영하면서 비정규직 노동자들의 연대를 시도했고, 그들을 묶을 수 있는 공통분모로 의료보험을 추출해 낸 뒤 프리랜서 노조를 만들었다. 자의에 의해서든 아니든 비정규직으로 살아가는 노동자들의 삶을 부축할 수 있는 방법을 새로운 시각으로 찾아 나선 것이다.

프리랜서 노조는 의료보험 가입자들을 위해 일종의 옴부즈맨 역할도 한다. 진료 과정에서의 불공정 행위를 감시하고, 이에 대한 시정을 요구하는 등의 일이 그것이다. 그들이 의료보험과 관련된 일만 하는 것은 아니다. 자유직 노동자들이 고용직 노동자들에 비해 더 많은 세금을 내고 있는 현행 소득세법의 개정에도 앞장을 서고 있다.

호로위츠는 미국의 현행 세법은 지금과 같이 직장에 고용되지 않은 프리랜서들이 보편적이지 않던 시절에 만들어졌기 때문에 세금 부문에서 그들이 불이익을 당하고 있다고 주장했다. 예컨대 뉴욕 시의 경우 연 소득이 똑같이 9만 달러여도 프리랜서는 4515달러의 세금을 내는 반면, 회사에 고용된 노동자는 2747달러밖에 내지 않는다. 그는 프리랜서 노동자들의 이러한 상황을 일러 "참치잡이 그물에 걸린 돌고래 신세"라고 표현하기도 했다. 현재 호로위츠는 뉴욕 시의회를 움직여 프리랜서들에게 불리한 이러한 세법의 개정을 추진 중이다.

사실 1975년 이래 뉴욕 시에 새로 생긴 70만 개의 일자리 가운데 3분의 2가 언론, 금융, 예술 분야의 프리랜서 직종이다. 그에 따라 프리랜서들이 지역 경제에 기여하는 바도 점점 커지고 있다. 그런데도 의료보험이나 퇴직연금의 혜택은커녕 세금까지 고용직 노동자들보다 더 많이 내는 것은 분명 부당한 현실이다.

프리랜서 노조를 단체 교섭권도 단체 행동권도 없는 사이비 노동조합이라거나, 조직 생활에 적응하지 못하는 프리랜서들을 위해 의료보험 판매를 대행하는 단체쯤으로 보는 곱지 않은 시선도 없진 않다. 하지만 호로위츠는 단호하다. 그가 의료보험을 판매하는 것, 그 자체가 목적은 아니라는 것이다. 그는 새롭게 성장하는 프리랜서들에게 가장 필요한 것을 제공함으로써 그들을 단결시키고, 그들을 끌어안지 못하는 낡은 제도를 개혁하겠다는 큰 그림을 그리고 있다. 보다 많은 비정규직 노동자들이 프리랜서 노조에 가입하면 할수록 그들의 목소리는 더욱 또렷해질 것이고, 사회는 그들의 필요를 채워 주기 위한 변혁에 한발 더 다가서게 될 것이다.

"한 사람의 주장이 거부된다면 그럴 수도 있는 일로 치부되지만, 20개 주에서 똑같은 일이 벌어진다면 상황은 달라진다."

그는 노동조합 운동에서 '수의 힘'이 여전히 유효하다고 확신한다.

호로위츠는 자신을 노동 운동가로 규정한다. 그럼에도 불구하고 맥아더 재단은 그를 뛰어난 사회적 혁신가로 보아 100만 달러를 지원했고, 『패스트 컴퍼니』는 그에게 유망한 사회적 기업가에게 주는 '사회적 자본주의자 상'을 수여했다. 호로위츠의 새로운 노조 운동이 사회적 혁신과 맥을 같이하고 있다는 뜻일 터이다.

사람을 키워
혁신을 복제한다

빌 드레이튼 Bill Drayton

1979년 미국 환경보호국(EPA)은 대기 오염 물질 감축을 위해 '버블 프로젝트(Bubble Project)'라는 획기적인 환경 정책을 공표했다. 그것은 한마디로 대기 오염 물질 배출에 대한 환경 규제의 기본 틀을 바꾸는 것이었다. 지금까지 유해 물질과 배출 공정을 일일이 적시한 법규를 가지고 정부가 특정 산업이나 기업을 감시하고 통제해 왔다면, 버블 프로젝트는 다양한 공정에서 다양한 요인으로 발생하는 유해 물질에 대해 정부가 배출 버블(총량)만 규제하고 감축 방식은 기업의 자율에 맡기는 방식이다. 요컨대 기업들 스스로 유해 물질 배출을 줄이기 위한 기술 혁신에 나서도록 유도함으로써 환경 보호에 시장의 힘을 끌어들이자는 취지였다. 아울러 버블 프로젝트의 버블은 특정 지역과 기업에만 국한되지 않았다. 즉 미국의 기업이 아마존의 열대우림을 보존함으로써 유해 물질의 배출 총량을 지구적으로 줄이겠다는 발상까지 포함하는 것이었다.

하지만 당시 버블 프로젝트는 누구에게도 환영 받지 못했다. 환경론자들은 정부가 대기업에 굴복해 환경 규제를 포기하는 처사라고 비난했고, 환경 규제 자체에 거부감을 갖고 있던 대기업과 공화당 보수파들은 규제 강화로 인한 기업 활동의 위축을 이유로 들며 반발했다. 1981년에는 로널드 레이건 대통령(공화당)이 EPA의 예산을 3분의 2나 줄이며 노골적으로 버블 프로젝트를 폐기하려 들기도 했다.

  겨우 명맥을 유지해 오던 버블 프로젝트가 빛을 보기까지는 꽤나 오랜 시간이 걸렸다. 1990년 버블 프로젝트를 바탕으로 한 대기청정법이 시행되어 산성비를 유발하는 이산화황의 배출을 크게 줄였다. 그러한 성과에 힘입어 1997년에는 교토 의정서에 의해 국가별로 이산화탄소 배출 총량 감축 의무를 이행하기로 결정하였고, 이를 실천하기 위해 2005년 유럽에 이어 2007년 한국에서도 탄소 배출권 거래소가 문을 열었다. 25년 전에는 환경 정책의 후퇴라고 비난 받던 버블 프로젝트가 이제는 지구온난화에 대한 가장 현실적인 해법의 하나로 받아들여지고 있는 것이다.

이소가와 설립자 빌 드레이튼(왼쪽)

이처럼 시대를 앞서서 환경 정책을 주도했던 이가 '사회적 기업가의 대부'로 불리는 아쇼카(Ashoka)의 설립자 빌 드레이튼(Bill Drayton)이다. 버블 프로젝트는 드레이튼이 아쇼카를 세우기에 앞서 추진된 것이지만, 이것만큼 드레이튼의 진면목을 보여 주는 사례도 없다. '버블'이란 개념 자체는 학자를 포함한 일부 전문가 그룹에서 나왔으나, 그것을 실천할 수 있는 정책으로 만든 사람은 드레이튼이었다. 환경 정책을 기업에 대한 규제로만 여기던 시절에 그는 오히려 기업이 환경 친화적인 방향으로 기업 활동을 하도록 유도하는 발상을 했던 것이다. 사실 버블 프로젝트는 영리 기업과 비영리 단체 사이의 경계를 허물고 보다 나은 사회를 위해 힘을 모을 수 있도록 한 사회적 혁신 모델로, 드레이튼이 관료 시절에 보여 준 사회적 기업가로서의 모습을 담고 있기도 하다.

드레이튼은 1980년에 아쇼카를 설립하고, 비영리 단체 활동가들과 영리 기업가들 모두로부터 따가운 의심의 눈길을 받아 가며 '사회적 기업가', '사회적 투자', '사회적 벤처 캐피털'과 같은 사회 변혁의 신개념을 설파했다. 그리고 사회적 기업가를 찾아내 그 뜻을 펼치게 해 주는 일의 중요성을 알렸다. 사회적 기업가를 위한 사회적 기업 아쇼카는 이처럼 드레이튼이란 혁신가의 머리와 발과 땀으로 일궈졌다.

아스팔트 위에 피어난 난(蘭)

드레이튼이 세계 곳곳에서 활약하는 사회적 기업가들을 지원하는 조직을 만들기로 결심한 것은 그가 EPA 부국장에 취임한 이듬해인

1978년이었다. 그는 뜻을 같이하는 친구들과 함께 창조적이고 전문적이며 꿈을 실현하려는 강인한 의지를 지닌 인재를 찾아 지구촌 곳곳을 누볐다. 이는 기업가적 능력과 흔들림 없는 윤리적 동기, 새로운 혁신적 아이디어를 지닌 사람들이 마음껏 뜻을 펼칠 수 있도록 해 주는 것이야말로 사회적 혁신을 가능케 할 것이란 믿음에서였다. 온갖 반대를 무릅쓰고 버블 프로젝트를 정책화하기 위해 동분서주하던 무렵, 그는 이미 아쇼카의 밑그림을 완성해 가고 있었던 것이다.

5만 달러로 시작된 아쇼카의 기금은 2007년 현재 3000만 달러를 넘어섰다. 그리고 1981년 인도의 사회적 기업가를 첫 아쇼카 펠로로 선정한 이래 지금까지 아시아, 아프리카, 아메리카, 중부 유럽 등 60개국에서 1800명의 사회적 기업가를 발굴하고 지원했다. 자금 지원만이 아니었다. 사회적 기업을 위한 전략과 재정 설계를 비롯해 전문적인 교육도 제공했다. 요컨대 아쇼카는 사회적 벤처 기업을 발굴하고 지원하는 사회적 벤처 캐피털이자 사회적 벤처 기업의 창업을 돕는 글로벌 센터인 것이다.

아쇼카는 지원 대상을 엄격하게 선정하고, 자금을 지원한 사회적 기업들로부터 '고수익'을 기대한다. 물론 아쇼카가 말하는 고수익은 돈이 아니라 교육, 환경, 인권, 의료, 빈곤 등 사회적 현안들에 대해 보다 광범한 개선 효과, 즉 유익(benefit)의 극대화를 의미한다.

또한 아쇼카는 25개국에 지부를 두고 있으면서도 상근 활동가는 160명에 불과하다. 광범한 지역에서 다양한 사회적 기업가들을 지원하면서도 최소의 조직을 유지하고 있는 것이다. 이른바 군살을 용납하지 않는 조직이다.

물론 아쇼카와 같이 사회적 기업가를 발굴하고 지원하는 단체는 적지 않다. 하지만 아쇼카를 10년 이상 지켜본 데이비드 본스타인(David Bornstein)은 『어떻게 세상을 바꿀 것인가(How to Change the World)』(2003)란 책에서 "아쇼카는 20년 이상 지구적 차원에서 사회적 기업의 출현을 적극적으로 모니터해 온 유일한 조직"이라고 평가했다. 그는 사람들에게 사회적 기업이란 개념을 인식시키고 유망한 사회적 기업가를 지속적으로 발굴해 오고 있을 뿐 아니라, 인재를 찾아내고 효과적으로 지원하는 시스템 측면에서 아쇼카는 독보적인 존재라고 보았다.

아쇼카의 오늘과 같은 성장은 드레이튼의 헌신을 빼놓고는 설명할 수 없다. 본스타인은 드레이튼을 일컬어 '전 세계 사회적 기업의 거미줄을 엮어 내는 거미'에 비유한다. 혹자는 드레이튼을 일러 '아스팔트 위의 난(蘭)'과 같은 존재라고도 표현한다.

드레이튼은 1943년에 뉴욕의 부유한 가정에서 태어났다. 그의 아버지는 영국의 귀족 출신이고, 어머니는 호주 태생의 첼리스트였다. 그는 부잣집 도련님들이 밟는 엘리트 코스를 거치면서도 일찍부터 세상에 대한 깊은 관심을 드러냈다. 초등학교 4학년 때는 『파수꾼(The Sentinel)』이라는 32페이지짜리 월간지를 발행했고, 보스턴의 명문 고교 필립스 아카데미에 진학한 뒤에는 학생 서클 '아시아 소사이어티'를 조직했다. 하버드 대학 시절에는 매주 정부, 노동조합, 재계, 종교계 인사들을 초청해 캠퍼스 바깥의 세상 돌아가는 얘기를 들어 보는 '아쇼카의 원탁'이라는 토론회를 주관하기도 했다. 드레이튼은 아쇼카를 출범시키기 15년 전인 그때, 이미 마음속에 아쇼카를 그리고 있었던 것이다.

드레이튼은 하버드 대학을 졸업하고 영국 옥스퍼드 대학에서 경제학과 공공재정학, 역사학을 공부한 뒤 다시 미국으로 돌아와 예일 대학 로스쿨을 마쳤다. 하버드 대학 케네디 스쿨과 서부의 스탠퍼드 대학 강단에 서기도 했던 그는 더 큰 꿈을 이루기 위해 조직의 생리를 배우겠다며 세계적인 컨설팅 회사 매킨지에 입사했다. 그리고 매킨지에서 공공정책 자문을 담당하던 중 코네티컷 주의 환경 문제에 관여한 일이 계기가 되어, 1977년 지미 카터 대통령 정부에서 EPA 부국장에 취임했다. 그의 나이 34세 때의 일이었다. 그때 이후 지금까지 드레이튼은 세상을 혁신하려 애쓰는 사람들을 찾아 그들을 지원하는 길 위의 삶을 살고 있다.

사람을 키우는 사회적 피라미드

드레이튼도 여느 사회적 기업가와 마찬가지로 아쇼카를 운영하던 초기에 재정 문제로 애를 먹었다. 아쇼카는 초기 5년간은 미국의 어느 공익 재단에서도 기부금을 받지 못했다. 이는 드레이튼의 아이디어가 나빠서도, 재단을 제대로 설득하지 못해서도, 인적 네트워크가 부족해서도, 아쇼카나 드레이튼 자신의 사회적 평판이 나빠서도 아니었다. 당시만 해도 사회적 기업가를 발굴하고 지원한다는 아쇼카의 활동이 너무나 생소했던 만큼 어떤 재단도 지원할 엄두를 내지 못했던 것이다. 그만큼 아쇼카의 활동이 시대를 앞서 가는 것이기도 했고, 미국 재단들의 기금 운용이 보수적이었다는 뜻도 된다.

사실 1980년대에 '사회적 투자'니 '사회적 기업가'니 하는 말은 공익 재단 사람들에게는 아주 생뚱맞은 것이었다. 영리 기업과 비영리 단체 사이에 넘을 수 없는 선을 그어 놓은 상태에서 비영리 단체를 지원해 오던 공익 재단들은 '투자', '기업가', '벤처 캐피털' 앞에 '사회적'이라는 말을 수식어로 붙이는 아쇼카가 못마땅했다. 드레이튼의 표현을 빌리면, 25년 전에는 아직 때가 아니었던 것이다.

이러한 난관을 뚫어 준 것이 인맥이었다. 맥아더 재단은 1984년에 아쇼카를 맥아더 펠로로 선정하여 5년간 20만 달러를 지원하기로 결정했다. 이는 드레이튼이 대학 동창 소개로 알게 된 맥아더 재단의 이사가 아쇼카를 펠로 후보로 추천했기에 가능한 일이었다. 맥아더 재단의 지원은 아쇼카가 도약할 수 있는 계기를 마련해 주었다. 1985년이 되자 아쇼카는 상근 활동가를 보강하고 36명의 사회적 기업가를 지원했다. 이어 1988년에 록펠러 형제 기금(Rockefeller Brothers Fund, 이하 RBF)이 아쇼카를 지원하면서 재정 문제는 숨통이 트였다. 이 또한 아쇼카의 후원자였던 피터 골드마크가 RBF의 책임자가 되면서 이루어진 일이다.

맥아더 재단과 RBF 등 대형 공익 재단들이 나서면서 다른 재단들도 아쇼카에 관심을 기울이기 시작했다. 이후 아쇼카는 급성장을 해 1981~1990년에 200명이던 아쇼카 펠로가 1991~2003년에는 1400명으로 늘었다.

아쇼카는 사회적 벤처를 발굴해 창업할 수 있도록 투자한다. 투자의 기준은 사업이 아니라 사람이다. 아쇼카는 사람을 보고 투자를 결정한다. 아쇼카 펠로로 선정된 사회적 기업가에게는 자금을 지원하되, 그것은 사업비가 아니라 사회적 기업에 전념할 수 있게 하는 생활비 형태로 지급된다. 이 지원금을 어디에 써야 한다는 제약은 없다. 아쇼카는 대개 1년에서 4년까지 자금을 지원하는데, 아쇼카 펠로들이 생활비 지원을 받는 것으로부터 졸업하는 데는 평균 3년이 걸리는 것으로 조사되었다.

아쇼카는 대의나 명분보다 사람에 중점을 두고 투자하는 만큼 사회적 기업가를 선정하는 기준과 절차가 까다롭기로 유명하다. 때문에 아쇼카 펠로십을 받는다는 것은 사회적 기업가 세계에서는 벤처가 코스닥 진입에 성공한 것과 같은 무게를 지닐 정도이다.

드레이튼은 사회적 기업가를 특별하게 정의한다. 그에 따르면, 사회적 기업가는 저소득층에게 일자리를 주는 기업가나 기업의 이익을 환경 운동에 기부하는 부자를 의미하는 것이 아니다. 영리 활동으로 운영 자금을 마련하는 비영리 단체 활동가를 뜻하는 것도 아니다. 사회적 변화와 영리 활동의 산술적인 결합을 추구하는 이들을 사회적 기업가라 부르지도 않는다. 그가 말하는 사회적 기업가는 사람들에게 고기를 잡아 주거나 고기 잡는 법을 가르쳐 주는 것에 만족하지 않고, 고기 잡는 산업을 혁명적으로 바꾸기 위해 매진하는 사람들이다.

아쇼카는 펠로를 선정하는 네 가지 기준을 정하고, 3단계에 걸쳐 심사한다. 먼저 네 가지 선정 기준이란 창의성, 기업가적 자질, 사회적 영향, 그리고 도덕적 품성이다. 이 네 가지 기준에 합당한지를 가려내기 위한 1차 심사는 해당 지역의 아쇼카 대표가 맡는다. 그는 싹수가 보이는 활동가를 찾아내고 지원서를 검토한 뒤, 일일이 불러서 대면 면접을 한다. 1차 심사는 경쟁률이 거의 1000 대 1이나 된다.

1차 심사를 통과한 지원자에 대해 아쇼카의 상근 활동가와 이사들의 의견을 묻는 2차 심사를 거친다. 2차 심사는 지역 대표의 의견을 무시해서라기보다는 지역사회에서 그 대표의 체면을 살려 주는 동시에 신중을 기하기 위한 과정이다.

2차 심사에 통과한 후보를 대상으로 선정 위원회가 면접 심사를 하는 게 3차 심사이다. 후보자가 활동하는 지역의 사회적 기업가들과 아쇼카 이사들이 참가하는 선정 위원회의 3차 심사는 일주일 동안 열린다. 후보 하나하나와 심사 위원들이 일대일 면접을 하는데, 후보들이나 심사 위원들 모두에게 매우 힘들고 혹독한 절차이다. 심사 위원들은 네 가지 선정 기준에 비추어 얼마만한 자질을 갖추고 있는지, 그리고 사업 아이디어를 어떻게 실천할 것인지를 집요하게 따져 묻는다. 드레이튼은 이처럼 집요한 질문 공세야말로 기업가적 자질을 찾아내는 데 더없이 좋은 과정이라고 말한다. 말만 앞세우는 이론가들은 '어떻게'란 질문에 두루뭉수리하게 얼버무리기 일쑤이지만, 발로 뛰는 사람들은 그러한 질문 공세를 오히려 즐긴다는 것이다. 이런 과정을 거쳐 선정 위원회는 비공개 원칙 아래 만장일치 방식으로 펠로를 선정한다.

사회적 기업도 일반 기업들처럼 준비, 창업, 도약, 성숙의 4단계를 거치는데, 아쇼카는 도약 단계의 사회적 기업을 집중적으로 지원한다. 그리고 사회적 기업가에게는 사회를 변화시키겠다는 열망과 참신한 아이디어, 뛰어난 사업 수완, 10~20년이 걸리더라도 끝장을 보겠다는 끈기 등을 모두 갖출 것을 요구한다.

드레이튼은 사회적 기업이 성공하려면 훌륭한 아이디어가 필요하고, 그 아이디어는 탁월한 기업가적 자질과 결합되어야 빛을 발할 수 있으며, 궁극적으로 개인의 창의성과 자질은 지속 가능하고 효율적인 조직을 통해 실현될 수 있다고 강조한다. 그가 '비영리 단체'나 '비정부 기구'라는 용어는 쓰지 말아야 한다고 주장하는 것도 이 때문이다. 영리와 비영리를 구분하던 시절은 이미 지났기 때문에 공공의 유익을 추구하는 활동가를 '사회적 기업가'로, 그 활동들을 '시민 섹터'로 불러야 한다는 것이다. 드레이튼에 따르면, 그가 아쇼카를 설립했던 1980년대는 사회적 혁신의 물결이 막 시작되던 시기였으나 이제는 시민 섹터라고 불리는 사회적 기업가의 활동이 도약기를 맞고 있다고 한다.

드레이튼은 스탠퍼드 대학 학교 신문인 『스탠퍼드 데일리』(2005년 2월) 인터뷰에서 "앞으로 5년은 사회적 기업 부문이 제 모습을 갖추는 결정적인 시기가 될 것"이라고 전망했다. 현재 지구촌 곳곳에는 시민 단체만 수천만 개가 넘는다. 미국에는 200만 개, 브라질에는 100만 개나 되고, 지금도 속속 새로운 시민단체들이 만들어지고 있다. 물론 사라지는 단체도 있다. 단, 여기서 주목할 것은 새로운 사회적 혁신을 추구하는 2, 3세대 활동가들의 움직임이 활발해지고 있다는 사실이다.

드레이튼은 사회적 기업가들이 본격적인 비상을 위해 도약을 앞두고 있는 것은 사실이지만, 시민 섹터가 어떤 형태로 자리 잡을 것인지는 속단하기 이르다고 말한다. 요컨대 세계화의 물결 속에서 사회적 기업가와 시민 섹터가 얼마나 지구적 차원의 규모를 갖출 수 있을 것인가 하는 고민과 함께 풀어 나가야 할 숙제라는 것이다. 이를 위해 비영리를 추구하는 사회적 기업도 영리를 추구하는 민간 기업들처럼 생산성과 효율을 높여야 하며, 글로벌 통합을 추구해야 할 때가 왔다는 게 드레이튼의 진단이다.

현재 탄소 배출권 거래소가 많은 나라에서 문을 열었지만, 25년 전에 그 씨앗을 뿌린 이가 드레이튼이라는 사실을 기억하는 사람은 거의 없다. 스타급 사회적 기업가들이 주목을 받고 사회적 투자라는 말도 이제는 제법 거부감 없이 통용되고 있지만, 드레이튼의 선구적 헌신을 떠올리기는 쉽지 않다. 그렇거나 말거나 아쇼카는 그간 소리 없이 미국을 비롯해 세계 곳곳에서 아동 노동 착취 금지와 에이즈 퇴치, 도시 빈곤층 자녀의 대학 진학 프로그램에서 헝가리의 장애인 시설에 이르기까지 모두 1800여 명의 사회적 기업가들을 발굴하고 지원해 왔다. 이들 사회적 기업들의 노력이 각각 1만 명에게 사람다운 삶을 찾아 주었다면, 드레이튼의 노력은 1800만 명에게 혜택을 준 것이나 다름이 없다.

성공한 사회적 기업가가 또 다른 사회적 기업가를 키워 사회적 기업이 1만 개로 늘어나고, 1만 개의 사회적 기업이 각각 10만 명을 돕는다면 그 혜택은 10억 명에게 돌아간다. 가히 거대한 '사회적 피라미드'라 부를 만하지 않은가. 영리를 추구하는 피라미드식 판촉은 많은 사람들을 피눈물 흘리게 하지만, 아쇼카의 피라미드는 사람들에게 희망과 기쁨을 기하급수로 증폭시킨다.

아쇼카의 로고는 떡갈나무다. 일찍이 빌 드레이튼이 뿌린 도토리는 힘겨운 많은 사람들을 품는 거목으로 한창 자라고 있는 중이다.

2장

세상을 바꾸는 '보노보 기업'

가난한 사람들의 손으로
빈곤을 물리친다

그라민 은행Grameen Bank

2006년 12월 10일 노르웨이의 수도 오슬로에서 노벨평화상 시상식이 열렸다. 수상자로는 모두 10명이 참가했다. 방글라데시의 그라민 은행(Grameen Bank)을 대표한 9명과 이 은행을 만든 무하마드 유누스(Muhammad Yunus) 총재가 그 주인공이었다. 유누스 총재는 수상 연설을 하면서 그라민 은행을 대표해 참석한 9명 가운데 4명의 여성을 '휴대폰 아줌마(Phone Lady)'라며 별도로 소개했다. 그는 은행과 정보기술이 가난한 사람들을 내치는 게 아니라 품어 주는 것이어야 한다는 자신의 철학을 휴대폰 아줌마들을 통해 모두에게 보여 주고 싶었던 것이다.

휴대폰 아줌마의 창업 이야기는 이렇다. 1994년 그라민 은행이 재정 문제를 극복하고 홀로서기를 준비할 때, 인도 벵골 출신의 미국인 익발이라는 청년이 유누스를 찾아와 가난한 사람들을 위한 휴대전화 사업을 하자는 제안을 했다. 유누스는 익발의 제안을 받아들였고, 곧 비영리 이동통신 회사 그라민 폰(Grameen Phone)을 설립했다. 그라민 폰은 1996년에 방글라데시의 전화 사업권을 따낸 뒤, 이듬해 그라민 은행 창립일인 3월 26일에 드디어 전화 서비스를 시작했다.

그라민 폰만의 독특한 사업 전략의 핵심은 바로 휴대폰 아줌마였다. 유누스는 마을마다 최소 한 명의 휴대폰 아줌마를 두기로 했다. 가난한 사람들 모두가 값비싼 휴대폰을 이용할 수는 없겠지만, 통신 수요는 얼마든지 있을 터였다. 휴대폰 아줌마는 휴대전화를 구입한 뒤 '동네 공중전화' 사업을 한다. 다시 말해 마을 사람들이 휴대폰 아줌마의 휴대전화를 이용하고 이용한 시간만큼 이용료를 내는 것이다. 물론 휴대폰 아줌마들은 그라민 은행의 창업을 위한 신용 대출을 통해 휴대전화 구입 비용을 마련했다. 가히 그라민 은행과 정보기술의 시너지 효과라 할 만했다.

그라민 은행이 38퍼센트의 지분(나머지 62퍼센트의 지분은 노르웨이의 통신 회사 텔레노르가 갖고 있다.)을 갖고 있는 그라민 폰의 지난 10년의 성과는 실로 눈부시다. 휴대폰 아줌마는 30만 명으로 늘어났고, 그라민 폰은 1000만 명의 가입자를 확보한 방글라데시 최대의 이동통신 회사로 성장했다. 더 놀라운 것은 전체 가입자의 3퍼센트에 불과한 휴대폰 아줌마들이 그라민 폰 매출의 19퍼센트를 차지한다는 점이다. 전깃불도 제대로 들어오지 않는 시골에 사는 가난한 사람들이 첨단 휴대전화의 혜택을 누리게 되었고, 휴대폰 아줌마들은 돈을 벌었으며, 그라민 은행은 소액 대출 수요를 창출했다. 그리하여 그라민 폰은 여느 이동통신 회사들이 거들떠보지도 않던 새로운 시장을 개척해 냈다. 가히 일석사조라 할 만했다.

은행을 이용할 수 없던 가난한 금융 소외 계층을 당당한 시장 참가자로 만드는 그라민 은행은 '은행, 그 이상의 은행'으로서 조용하게 뿌리부터 세상을 바꿔 나가고 있다.

27달러에서 60억 달러로

그라민 은행이 '은행' 간판을 정식으로 내건 것은 1983년 3월 26일의 일이었다. 그라민 은행은 여느 은행과 마찬가지로 예금도 받고 대출도 하고 이자도 주고받는다. 여느 은행과 다른 점이 하나 있다면 그것은 가난한 사람들을 고객으로 한다는 사실이다. 다른 은행들은 이 은행의 고객들을 받아들일 생각도 없고 받아들일 방법도 모른다.

그라민 은행은 자본주의 사회에서 아무리 발버둥 쳐도 가난을 벗어날 수 없는 사람들에게 적게는 10달러에서 많게는 몇백 달러에 이르는 천금 같은 돈을 신용만으로 빌려 준다. 그리고 시중 은행들보다 금리가 낮기는 하지만 연리 20퍼센트 정도의 이자를 받는다. 이렇게 해서 은행이 제대로 굴러갈까 싶지만 진짜 굴러간다. 그것도 아주 잘 굴러간다. 고객이 빌린 돈을 갚지 않아도 받아 낼 수 있는 아무런 법적 조건이 없음에도 불구하고 대출을 받은 이들의 98.85퍼센트가 원금과 이자를 다 갚기 때문이다.

2007년 5월 현재 그라민 은행은 방글라데시 전역에 2431개 지점을 두고, 7만 8659개 마을의 빈곤층 720만 명에게 금융 서비스를 제공한다. 소기업 창업 대출, 주택 금융, 학자금 대출, 소상공인 융자 등의 항목으로 이들에게 대출해 준 총액은 60억 달러에 달한다.

그라민 은행은 저축 상품은 물론 연금과 보험까지 판매하는 종합 금융 회사이다. 이 은행은 1995년에 재정적으로 완전히 독립한 이래

2006년 말에 이미 예금과 고유 자산 총액이 대출액의 143퍼센트를 달성했다. 그라민 은행의 새로운 금융 기법은 이와 같은 성공에 힘입어 노벨평화상을 수상하기 훨씬 이전부터 가장 강력한 빈곤 퇴치 프로그램으로 인정받았다. 그라민 방식은 현재 빈곤국은 물론 선진국에도 확산되어 전 세계 빈곤층 1억 명에게 혜택을 주고 있다.

유누스는 그라민 은행의 성공 비결을 "일반 은행과 정반대로 하기"라고 말한다. 그는 사실 은행 업무에 대해서는 아는 게 하나도 없다. 스스로도 자기가 만약 은행 업무에 대해 잘 알았다면 감히 지금과 같은 일을 벌일 수 없었을 것이라고 말하곤 한다. 실제로 유누스는 뜻을 세우고 그라민 은행의 간판을 내걸기까지 시행착오로 점철된 9년이라는 긴 시간을 보냈다.

풀브라이트 장학금을 받아 1969년에 미국 밴더빌트 대학에서 경제학 박사학위를 딴 유누스는 1972년에 귀국해 치타공 대학에서 경제학을 가르쳤다. 그런데 1974년 방글라데시에 극심한 기근이 몰아쳤다. 길거리에는 굶어 죽는 사람들이 속출했다. 유누스는 노벨평화상 수상 연설 때 당시의 상황을 떠올리며, "대학 강의실에서 고상한 경제학 이론을 가르치고 있다는 것이 견디기 힘들었다. 가까이서 굶주림과 빈곤을 접하다 보니 갑자기 모든 경제학 이론들이 공허하게 느껴졌다."고 말했다.

그는 곧바로 제자들과 함께 대학 주변 마을의 실태를 조사했다. 그러던 중 42명의 여성이 고리대금업자에게서 빌린 27달러를 갚지 못해 노예 같은 삶을 살고 있는 것을 발견했다. 유누스는 지갑에서 27달러를 꺼내 아무 조건 없이 그들에게 빌려 주고 우선 고리대부터 갚으라고 말했다. 얼마 후 42명의 여성은 유누스를 찾아와 빌린 돈을 모두 갚았다. 겨우 27달러가 42명의 삶을 변화시킬 수 있음을 확인한 순간이었다.

"젊어서 세상을 바꿔 보겠노라는 꿈을 품었다. 그러나 세상은 너무 넓었다. 다시 방글라데시라도 바꿔 보겠다는 꿈을 품었지만 이 나라역시 너무 컸다. 그 다음에는 대학 옆 마을을 위해서라도 뭔가 해 보자고 마음먹었다. 좀 더 현명해진 것이다. 왜냐하면 그 마을은 내가 뭔가를 하기에 딱 적당한 크기였기 때문이다."

대학 연구실 책상머리에서 거시경제 이론과 그 속의 숫자들과 씨름하던 유누스가 갑자기 공허함을 느낀 것은 자신이 사람과 그 사람의 구체적인 삶을 놓치고 있다는 깨달음 때문이었다. 그리고 세상을 바꾸겠다는 꿈을 사람들이 딛고 있는 땅에 내려놓자 세상을 바꿀 수 있

그라민 은행의 설립자 무하마드 유누스

는 길이 열리기 시작했다.

유누스가 새로운 길로 들어선 지 22년째 되던 1995년, 세계은행은 뒤늦게 그라민 은행에 도움의 손길을 내밀었다. 그라민 은행에 10억 달러를 비롯해 빈곤층 소액 대출 사업 지원 명목으로 방글라데시에 모두 17억 5000만 달러의 차관을 제공하겠다고 제안했던 것이다. 그러나 유누스는 그 제안을 거절했다. 당시 그라민 은행은 이미 자립 기반을 갖춘 상태였다. 1980년대부터 1990년대 초반까지 유누스는 1억 2500만 달러의 자금을 모았다. 미국의 포드 재단을 비롯해 각종 재단이 돈을 보탰고, 방글라데시 정부의 보증으로 차관도 끌어들였다. 이렇게 모은 자금으로 유누스는 그라민 은행의 지부를 1000여 개로 늘렸다. 이제 그라민 은행은 사회적 기업에 필요한 모든 것을 갖추었다. 유누스라는 탁월한 사회적 기업가가 있고, 가난한 사람들에게 은행의 혜택을 볼 수 있게 한다는 혁신적인 아이디어가 있으며, 돈을 필요로 하는 가난한 사람들이라는 거대한 시장이 있고, 무엇보다도 사회적 기업이 영향력을 확대하는 데 필요한 성장 자본을 확보하고 있었다.

그런데 방글라데시 재무장관이 세계은행의 지원을 받아들이라고 유누스를 설득했다. 유누스는 "가난한 사람들을 생각해서 그 돈을 받지 않겠습니다. 남이 주는 도움을 받지 않아도 될 상황에 이르렀는데, 칭찬은 못해 줄망정 돈을 받으라니요?"라며 단호한 태도를 취했다. 유누스는 돈이면 다 된다고 믿는 오만하고 무책임한 세계은행의 지원을 받아들일 경우 그라민의 정신이 오염될 수도 있다고 생각했다. 밥상 다 차려 놓자 숟가락 들고 덤벼드는 세계은행의 행태에 대한 불만의 표시이기도 했다. 사실 1984년에 세계은행은 유누스가 자기들의 말을 듣지 않자 그라민 은행에 대한 지원을 끊고, 다른 비영리 단체들을 끌어 모아 제2의 그라민 은행을 세우겠다며 그라민 은행을 곤란에 빠뜨린 적이 있었다.

상식과 결별한 그라민 방식

유누스와 그라민 은행이 노벨평화상을 받은 뒤 한국에도 무담보 소액 신용 대출(마이크로 크레디트)이 활발하게 소개, 도입되었다. 그러면서 웃지 못할 일들도 벌어졌다. 그 한 예로 하나은행이 기금을 출연하고 희망제작소가 운영을 맡아 300억 원 규모의 마이크로 크레디트 사업을 한다고 알려지자 문의 전화가 빗발쳤다고 한다. 그런데 그 질문이란 것이 '갈아타기'를 하려는데 돈을 얼마나 빌려 줄 수 있느냐에서부터, 정말 아무것도 따지지 않고 대출해 주는가 하는 문의가 대부분이었다고 한다.

어떤 이들은 그라민 방식이 가난한 방글라데시에서나 적용될 수 있을 뿐 한국 상황에는 맞지 않아 고려할 가치가 없다고 하는가 하면, 또 어떤 이들은 제도권 금융을 이용하기 힘든 수백만 명의 신용 경계인이 '쩐의 전쟁'에 희생되고 있는 상황이니만큼 정부가 그라민 방식의 정착에 적극 나서야 한다고 주장하기도 했다. 기금을 마련하기가 어렵지 마이크로 크레디트 운영쯤이야 식은 죽 먹기라고 이야기하는 이들도 있었다. 이런 반응들은 단순히 '가난한 사람들을 위한 은행'이라는 말로는 그라민 방식을 다 담을 수 없음을 보여 주는 대목이라 할 수 있다.

그라민 방식의 가장 큰 특징은 기존 은행의 틀을 깨고 새 틀을 만들어 냈다는 점이다. 캐나다 토론토 대학 로저 마틴(Roger L. Martin) 교수는 이를 균형으로 설명한다. 이는 저울이 평형을 유지하듯 산술적으로 같은 상태를 가리키는 균형(balance)과는 다르다. 그가 말하는 균형(equilibrium)은 진자가 정지되어 있을 때처럼 외부에서 힘을 가하지 않는 이상 움직이지 않는 상태를 가리킨다.

마틴에 따르면, 방글라데시에서 신용이 없는 가난한 사람들이 일반 은행을 이용할 수 없는 상황은 불행한 일이지만 견고한 현실로서 균형을 이루고 있는 상태였다. 그런데 유누스라는 혁신가가 나타나 이러한 균형이 나쁜 상태임을 파악하고, 실천을 통해 가난한 사람도 은행을 이용할 수 있게 하는 새로운 균형을 찾아낸 것이다. 요컨대 현실을 정확하게 들여다보고, 어떻게 하면 새로운 균형을 만들어 낼 수 있을까를 고민하고, 해법을 찾으면 바로 실천하는 것이 그라민 방식의 본령이다.

그라민 방식은 은행의 상식과도 결별한다. 금융의 도시라는 런던의 '더 시티'에는 오래된 불문율이 있다. '돈을 필요로 하는 사람에게는 절대로 돈을 빌려 주지 마라.'는 것이다. 금융이란 본디 여유 있는 사람들이 맡긴 돈을 필요로 하는 사람에게 융통해 주는 것인데, 실제로 금융으로 큰돈을 번 사람들의 생각은 전혀 다르다는 얘기이다. 기존의 은행들이 가난한 사람들에게 돈을 빌려 주지 않는 것 또한 이와 같은 맥락에서 겉 다르고 속 다른 은행의 속성으로 이해할 수 있다.

일반 은행들은 이것 따지고 저것 따져 보증과 담보를 요구한 뒤 대출을 해 준다. 그리고 돈을 빌려 간 사람이 꼬박꼬박 이자를 내거나 대출금을 갚아 나가는 한 그 사람을 까마득히 잊어버린다. 하지만 그라민 은행은 정반대이다. 가난한 사람들에게 신용 대출을 해 준 뒤부터 본격적으로 관계를 쌓아 간다. 은행 직원들이 매주 혹은 매달 한 번씩 대출자들을 찾아가 재정 상태는 어떤지, 계획한 사업은 잘 진행되고 있는지, 융자한 돈이 가족 전체를 위해 쓰이고 있는지 등을 확인한다.

그라민 은행은 직원들이 하루 종일 사무실에 앉아 있는 것을 내규로 금하고 있다. 신입 직원들은 그런 황당한 내규에 대해 "그럼, 도대체 어디에 가 있으란 말이냐?" 하고 묻는다고 한다. 그러면 유누스는 "어디든 가 있어야 한다. 나무 밑에서 잠을 자든, 찻집에서 잡담을 하든, 어쨌든 사무실에 있으면 안 된다. 여러분의 월급은 밖에서 사람들과 함께 보내는 시간 때문에 받는 것이다."라고 답한다고 한다. 그라민 은행은 가난한 사람들이 은행으로 찾아오게 하는 게 아니라 은행이 사람들을 찾아간다는 원칙을 갖고 있다.

그라민 은행은 대출 심사와 기준, 방법도 일반 은행들과 다르다. 일반 은행은 돈을 빌린 사람이 갚을 능력이 있는지를 살펴 대출 액수를 산정하지만, 그라민 은행은 융자를 원하는 사람의 사업 아이디어와 의욕을 먼저 살핀다. 담보를 요구하지는 않지만 연대 보증이라는 독특한 신용 대출 기법을 고안해 내기도 했다. 연대 보증 방식이란 돈이 필요한 사람은 자신과 처지가 비슷한 사람 4명을 모아 5명이 서로 보증을 서는 형태로 돈을 빌리는 것을 말한다. 대출은 개인 명의이지만 책임은 그룹 공동 명의인 것이다. 또 대출을 해 주기 전에 먼저 그라민의 원칙과 방식에 대한 구두 테스트를 거친다. 그룹 전원이 테스트를 통과해야만 대출을 해 준다. 5명 모두에게 곧바로 대출되는 것도 아니다. 첫 번째 사람에게 먼저 돈을 빌려 주고 6주간 상환을 제대로 하는 지를 살핀 뒤 두 사람씩 추가 대출을 해 준다. 연대 보증 방식은 그 집단을 서로 협력하면서도 경쟁하는 관계로 만들고, 은행 덕이 아니라 그들 스스로 뭔가를 이루었다는 자신감을 심어 주는 데도 일조한다.

그라민 은행은 기존의 영리, 비영리의 잣대로는 잴 수 없는 새로운 법인이다. 상법상으로는 일반 은행과 똑같은 영리 기업이다. 하지만 설립 목적과 운영 방식은 비영리적이다. 가난한 사람들에게 대출해 주고, 수익은 사회적 복리 증진에 재투자한다. 은행의 소유 구조도 독특하다. 그라민 은행은 정부 지분 8퍼센트를 제외하고는 92퍼센트가 소액 대출을 받은 가난한 사람들의 소유이다. 그라민 은행의 주식은 대출을 받은 회원에게만 주어지며, 비회원에게는 이 주식을 양도할 수 없게 하고 있다.

유누스는 이윤을 극대화하는 영리 기업과 달리 '세상과 인류에게 좋은 일을 하는' 것을 사회적 사업(social business)이라 규정한다. 투자자들이 투자분을 회수할 수는 있어도 수익에 대해 배당을 요구하지 않으며, 수익을 모두 사회적 사업에 재투자하는 것을 특징으로 꼽는다. 이는 사회적 기업에 대한 유누스식 정의인 셈이다. 이 기준에 따르면, 사회적 사업은 가난한 사람들에게 직접 혜택이 돌아가게 하는 것과 가난한 사람들을 그 사업의 주인으로 삼는 두 가지 형태가 있다. 유누스는 그라민 은행을 후자의 대표적인 사례로 꼽는다. 돈을 빌린 가난한 사람들이 절대 대주주인 그라민 은행은 '가난한 사람을 위한' 은행이자 '가난한 사람의', '가난한 사람들에 의한' 은행인 것이다.

그라민 방식은 은행에만 그치지 않는다. 은행을 통해 얻은 수익으로 가난한 사람들을 위한 그라민 폰을 만들었고, 가난한 이들의 영양 결핍을 덜어 주기 위해 프랑스의 다농과 손잡고 요거트 사업도 시작했다. 이렇게 만들어진 요거트가 가난한 사람들에게 또 다른 창업의 기회를 주는 것은 물론이다. 뿐만 아니다. 오지에 전기와 인터넷을 끌어들이고, 데이비드 그린과 닥터 브이가 인도에서 성공시킨 아라빈드 안과병원 모델을 방글라데시에 도입해 운영하고 있기도 하다.

유누스는 이처럼 가난한 이들이 은행에서 돈을 빌린 뒤 얹어 준 이자가 다시 가난한 이들을 위한 다양한 사업으로 흘러 들어가 돈이 제대로 도는 선순환 구조를 만들어 나가고 있다. 그는 그라민 방식이 가난한 사람에 의해 독립적으로 운영되어야 할 이유를 경제학자답게 이렇게 설명한다.

"어떤 훌륭한 빈곤 퇴치 프로젝트라 할지라도 가난하지 않은 사람이 어떤 식으로든 관여하게 되면 가난한 사람들은 소외당하기 마련이다. 악화(惡貨)가 양화(良貨)를 구축한다는 그레섬의 법칙이 말해 주듯, 어떤 경제 발전 프로그램이든지 간에 가난한 사람과 가난하지 않은 사람이 섞이게 되면 반드시 가난한 사람이 소외된다. 가난한 사람끼리라면 더 가난한 사람이 소외된다. 애초부터 가난한 사람을 보호하는 장치가 마련되어 있지 않는 한 이러한 메커니즘은 깨어지지 않고 영속된다. 가난한 사람들을 위한다는 명목으로 시작된 일이 가난하지 않은 사람들의 배를 채우는 일로 변질되기 일쑤인 것은 그런 이유 때문이다."

중요한 것은 실천하려는 의지

1986년 2월, 유누스는 워싱턴에서 당시 아칸소 주지사였던 빌 클린턴과 힐러리 여사를 만났다. 지인의 소개로 일찍부터 그라민 은행에 관심을 가졌던 클린턴 부부는 유누스에게 아칸소 주에도 그라민 방식이 적용될 수 있는가를 물었다. 유누스가 그의 자서전에서도 밝힌 그때의 대화 내용을 간추리면 다음과 같다.

클린턴 "그라민 방식이 아칸소에서도 먹힐까요?"
유누스 "물론입니다. 주지사께서 의지가 있으시다면 안 될 이유가 없지요."
클린턴 "해 보고 싶군요. 준비 기간이 얼마나 걸릴까요?"
유누스 "제가 나서길 원한다면, 내일 당장이라도 시작할 수 있습니다. 그라민 프로젝트를 시행하기 위해 반드시 은행을 설립할 필요는 없습니다. 중요한 것은 융자 프로그램입니다."

아칸소 주로 달려간 유누스는 처음에는 무척 놀랐다. 클린턴은 가난한 사람들이 널려 있다고 했지만, 그의 눈에는 가난이 보이지 않았기 때문이다. 하지만 곧 부자 나라에도 은행에 계좌를 만들 수 없는 사람들이 존재한다는 사실을 알았다. 유누스는 그들을 모아 놓고 그라민 방식을 자세하게 설명한 뒤, "은행이 사업 자금을 융자해 준다면 얼마나 원합니까? 또 그 돈으로 무얼 하겠습니까?" 하고 물었다.

작은 미용실을 운영하고 있다는 여성이 375달러를 빌리고 싶다고 했다. 수입을 늘리기 위해 손톱 관리 도구를 구입하고 싶다는 이유였다. 또 어떤 여성은 재봉틀 살 돈을 빌려 달라 했고, 다른 어떤 여성은 포장마차를 하겠다며 600달러를 빌리고 싶다고도 했다.

유누스는 만나야 할 사람을 만났다며 그라민 프로젝트를 시작했다. 마침내 미국에도 그라민 은행이 세워졌고, 그라민 방식을 변형한 사회적 기업들도 속속 생겨나기 시작했다.

당시 미국에서의 경험을 떠올리며, 유누스는 "미국의 은행들이 가난한 사람들을 대하는 태도는 우리나라 은행들보다 나을 것이 하나도 없다고 생각한다."고 말했다. 사실 가난한 사람들을 업신여기기는 한국의 은행들이 더하지만, 유럽의 은행들도 사정이 크게 다르지는 않다.

그래도 영국은 영세 기업에게 돈을 빌려 주거나, 창업을 지원하거나, 경영과 직원 훈련 등의 서비스를 제공하는 영국형 마이크로 크레디트 사업인 글래스고 갱생 펀드(GRF)가 1993년부터 활동하고 있다. 프랑스에서는 경제 권리를 위한 조합(ADIE)이 1994년부터 신용 대출의 운영을 맡고, 시중 은행이 창업 자금을 대출해 주는 제휴 방식을 통해 마이크로 크레디트 사업을 해 오고 있다. 방글라데시에서는 현재 마이크로 크레디트 사업을 벌이는 단체가 그라민 은행 말고도 500여 곳에 달할 정도로 경쟁이 치열한 큰 시장을 형성했다.

생활 수준이 다르다고 그라민 방식이 적용되지 못할 나라는 없다. 그라민 방식이 착근하지 못한다면 이유는 두 가지뿐이다. 일반 은행들이 가난한 사람들에게 문을 활짝 열어 놓은 나라이거나, 아니면 그라민 방식을 현지 사정에 맞게 창조적으로 변용시킬 수 있는 사회적 혁신가가 없기 때문일 것이다.

누이 좋고, 매부 좋은
투자형 자선

캘버트 재단 Calvert Foundation

1998년 캘리포니아 주 샌프란시스코, 간호학교 교사로 일하는 켈리 심슨은 그간 모아 둔 돈을 의미 있게 투자할 곳을 찾기 위해 인터넷을 뒤지고 있었다. 그러던 중 우연히 캘버트 지역사회 투자 증권(Calvert Community Investment Notes, 이하 CCI 증권)이라는 새로운 투자 상품을 발견했다. 심슨 여사는 소프트웨어 개발 일을 하다 은퇴한 남편과 의기투합해 이 증권을 샀다. 그런데 밑져야 본전이란 생각으로 시작한 소액 투자금이 어느덧 3만 달러로 늘었다. 심슨 부부는 CCI 증권을 산 덕분에 해마다 900달러의 투자 소득을 올리면서도 600달러를 비영리 자선단체에 기부할 수 있게 되었다. 이들은 여유가 생기면 이 증권에 더 투자할 계획이다.

투자와 기부의 두 마리 토끼

자본주의 시장경제에서 돈을 버는 것과 남을 돕는 것은 별개의 일인

양 여겨져 왔다. 하지만 미국 메릴랜드 주 베데스타에 자리한 캘버트 재단(Calvert Foundation)은 CCI 증권을 통해 투자와 자선이 별개의 일이 아니라는 것을 보여 주고 있다. 1995년 재단 출범과 함께 시작된 CCI 증권은 일반 투자자들에게 만기 때 원금과 고정금리를 보장해 주고, 투자자들로부터 받은 자금을 환경이나 노동 등의 분야에서 사회적으로 올바른 일을 하는, 이른바 '착한 기업'에 투자해 수익을 올리는 신종 금융 상품이다. 다시 말해 이 증권을 산 투자자들에게 시장 평균보다 낮은 수익률을 제공하는 대신 그 차익을 보다 나은 세상을 꿈꾸며 사회적 변화를 일구어 내는 비영리 단체들에게 지원하는 금융 상품인 것이다.

CCI 증권은 일정 기간을 정해 놓고 만기 때 원금과 고정금리를 보장해 주는 CD(양도성예금증서)와 유사하다. 단, CD가 영리를 추구하는 일반 기업에 투자되는 데 비해 CCI 증권은 비영리 단체에 투자된다.

보장금리가 낮은 만큼 그 투자 수익이 CD에는 미치지 못하지만, 투자금이 사회적으로 좋은 일에 쓰인다는 점이 이를 상쇄해 준다.

CCI 증권은 액면가 1000달러를 기본으로 발행하며, 만기 1년물에서 3, 5, 7, 10년물까지 있다. 확정금리는 3년물 이하의 경우는 0~2퍼센트, 5년물 이상은 0~3퍼센트 사이에서 투자자들이 직접 선택할 수 있고, 투자자들이 확정금리가 낮은 상품을 선택할수록 비영리 단체로 보다 많은 돈이 지원되도록 설계되어 있다. 시장금리를 기본 5퍼센트로 보았을 때 CCI 증권은 2퍼센트 포인트 이상 금리가 낮다고 할 수 있다. 그러면 2퍼센트의 금리는 어디로 갔을까. 그것은 바로 비영리 단체의 기부금으로 지원된다. 따라서 투자자들이 금리가 가장 높은 3퍼센트 CCI 증권을 선택한다면 그들은 해마다 증권 액면가의 최고 2퍼센트를 비영리 단체에 기부하는 셈이다. 그런데 더욱 재미있는 사실은 캘버트 재단이 그간 이 증권을 운용해 온 결과 투자자 6명 가운데 1명꼴로 0퍼센트 금리를 선택했다는 것이다. 만약 그 투자자가 10년물 CCI 증권 10만 달러어치를 확정금리 0퍼센트로 샀다면 10년 동안 해마다 최소 5000달러를 기부한 결과가 된다.

2006년 봄, 캘버트 재단은 2400여 명의 투자자에게 9500만 달러어치의 CCI 증권을 팔아 미국뿐 아니라 세계 곳곳의 200여 개 비영리 단체를 지원했다. 캘버트 재단은 주로 빈곤층을 위한 소액 대출 사업, 주택 보급 사업, 지역 개발 사업, 소규모 창업 사업 등 네 가지 범주의 사회적 기업을 집중 지원한다.

캘버트 재단의 모기업인 캘버트 그룹은 1979년에 설립된 뮤추얼 펀드 회사로, 이들은 사회적 책임 투자에 깊은 관심을 보여 왔다. 하지만 캘버트 그룹은 수익을 좇는 영리 기업이기 때문에 비영리 단체 등에 직접적으로 자금을 지원하거나 투자하는 것은 현실적으로 불가능했다. 때문에 캘버트 그룹의 펀드는 전적으로 영리 사업에 집중될 수밖에 없었다. 이에 캘버트 그룹은 1995년에 포드 재단, 맥아더 재단, 찰스 스튜어트 모트 재단과 함께 비영리 단체를 지원하는 캘버트 재단을 설립하고, CCI 증권을 발행했다. 캘버트 재단이 처음 CCI 증권을 발행했을 때만 해도 소수 브로커들만 이 증권을 취급했다. 그러다 전산망이 갖추어지고 그것을 통해 어디서나 거래할 수 있게 됨에 따라 대형 투자 전문 회사와 투자 은행들이 CCI 증권을 취급하기 시작했고, 이어 일반 소액 투자자들도 손쉽게 CCI 증권에 투자할 수 있는 길이 열렸다.

투자와 자선이 결합된 CCI 증권이 자리를 잡아 감에 따라 자연 그 수혜의 폭과 깊이도 넓어졌다. 그 한 예로 비영리 단체인 유스빌드 필라델피아 자선 학교(YouthBuild Philadelphia Charter School)는 캘버트 재단의 도움이 없었다면 참담한 재정난을 해결하기 어려웠을 것이다. 유스빌드 필라델피아 자선 학교는 고등학교를 중퇴한 빈곤층 젊은이들을 대상으로 학업 교육과 함께 기술 교육을 하는 기관이다. 이 학교는 해마다 폐가 한두 채를 구입해서 학생들이 직접 리모델링하도록 해 그 과정에서 기술을 습득케 하고, 새로 꾸며진 이 집들은 저소득층에게 분양하는 사업을 벌여 왔다.

2005년, 이 자선 학교는 고교를 중퇴했던 120명의 젊은이들에게 고등학교 졸업장을 수여했다. 하지만 이와 같은 성과에도 불구하고 학교의 재정은 바닥을 드러냈다. 그리하여 기부금이 충당될 때까지 필요한 운영 자금을 융통하기 위해 은행 문을 두드렸지만 은행의 문턱은 높았다. 이때 비영리 단체에 재정 융자를 해 주는 재투자 기금(The Reinvestment Fund, 이하 TRF)이 낮은 금리로 대출을 해 주었는데, 이 TRF가 대출해 준 자금이 바로 CCI 증권에서 나왔던 것이다.

캘버트 재단은 1995년에 5만 달러를 지원하며 TRF와 처음으로 파트너십을 맺었는데, 이들은 지속적인 관계를 유지하며 투자금 규모를 200만 달러로 늘려 갔다. TRF는 캘버트 재단의 지원을 종자돈 삼아 운영 자금을 2억 8700억 달러로 확대하여, 현재 미국 중서부 최대의 자선 학교 재정 지원 금융 기관으로 자리 잡았다. CCI 증권을 산 투자자들의 돈이 캘버트 재단을 통해 TRF와 유스빌드 필라델피아 자선 학교를 거치면서 수많은 빈곤층 젊은이들에게 희망을 키워 주고 있는 것이다.

비단 유스빌드 필라델피아 자선 학교의 학생들만이 아니었다. 오하

이오 주 라베나에 사는 테리 켈러도 CCI 증권 덕에 새집을 마련할 수 있었다. 동네 유통 센터에서 일하는 켈러는 혼자 된 몸으로 아들 둘에 딸 하나를 키우고 있었는데, 아이들이 커 감에 따라 방 두 개짜리 아파트가 몹시 비좁게 느껴졌다. 그러나 원체 돈이 없는 집안이라 시중 은행이나 주택 담보 대출 전문 회사를 통해서는 넓은 집으로 이사 갈 엄두를 내지 못했다. 그러던 중 비영리 모기지 회사인 이웃 개발 서비스(Neighborhood Development Service, 이하 NDS)의 도움으로 우선 임대로 살다가 나중에 구입도 할 수 있는 새집을 얻었다. NDS는 매달 내는 집세의 일부를 펀드로 적립해 운용함으로써 월세가 점점 줄어들게 하는 상품을 켈러에게 제공했다. 그에 따라 15년 동안 꾸준히 월세를 납부하면 켈러는 그 집을 소유할 수 있게 된다. 캘버트 재단은 NDS의 이러한 프로그램에도 지원을 아끼지 않았던 것이다.

'서브프라임' 사태에서 빛난 극빈층 주택 대출 사업

뮤추얼 펀드가 증권이나 채권에 분산 투자를 하듯 CCI 증권도 다양한 지역사회에 분산 투자한다. 사회적 투자를 광범한 영역으로 분산, 확대하는 것은 CCI 증권에 투자한 개인 투자자들의 원금을 까먹지 않도록 하기 위한 위기관리 기법의 하나이다. 요컨대 달걀을 한 바구니에 담지 말라는 증권 분산 투자 기법이 사회적 투자에도 똑같이 적용되고 있는 것이다.

또한 캘버트 재단은 재정 지원을 해 준 단체의 운영 실태는 물론이고, 재정 지원 전후 활동을 면밀하게 추적해 자금을 사회적 투자 목적에 걸맞게 쓰고 있는지 점검한다. 경우에 따라 재단은 일정 기간 특정 프로그램을 운영한 데 대한 실적을 대출 조건으로 정하여 요구하기도 한다. 아울러 자금을 필요로 하는 단체들에게는 재원을 다변화하라고 권고한다. 투자와 기부의 균형을 맞추는 것뿐만 아니라, 자선단체나 종교단체 등 다양한 기관으로부터 기부를 받을 수 있어야 그 단체의 재정 건전성을 높일 수 있다는 판단에서이다.

캘버트 재단은 투자 지역을 8곳으로 나누어 CCI 증권 투자자들로 하여금 자신의 돈이 어느 지역에서 쓰이도록 할지를 고르게 하는데, 지금까지 투자자의 25퍼센트가 미국 외의 다른 나라를 선택했다. 특정한 분야에 지원하기를 원하는 거액 투자자에 대해서는 재단의 전문가가 별도의 서비스를 제공하기도 한다. 이처럼 재단은 전체 운영 자금에 대해 투자 포트폴리오의 균형을 깨뜨리지 않는 범위에서 투자자들의 특별한 관심이 관철될 수 있도록 배려하고 있다.

캘버트 재단의 전무이사 샤리 베런바크(Shari Berenbach)는 "재단의 대출 방침은 대단히 보수적"이라고 말한다. 이것은 자금 관리가 엄격하게 이루어지지 않았다면 투자자들이 CCI 증권을 신뢰하지 않았을 거라는 얘기도 된다. 지금까지 재단이 대출한 자금 가운데 회수하지 못한 것은 0.2퍼센트에 불과하다. 역으로 생각하면 비영리 단체에 돈을 빌려 주고도 99.8퍼센트의 회수율을 기록한 것이다.

캘버트 재단의 보수적이고 기본에 충실한 투자 기법은 서브프라임 모기지(비우량 주택 담보 대출) 시장 붕괴를 계기로 한층 빛을 발했다. 캘버트 재단도 지역사회의 주택 개발 사업을 주요한 사업 포트폴리오로 구성하고 있다. 하지만 캘버트 재단과 파트너십을 이루고 있는 30여

개 비영리 모기지 사업자들은 서민들을 현혹시켜 폭리를 취하려 한 서브프라임 사업자들과는 근본적으로 다르다. 미국에는 저소득층의 '내 집 마련'을 지원하는 지역사회 개발 금융 기관(Community Development Financial Institutions, 이하 CDFIs)이 수백 개가 있는데, 이들은 서브프라임 모기지 사태에도 불구하고 예전과 다름없이 건재하다.

베런바크는 앞으로 건전한 CDFIs와의 협력을 강화함으로써 서브프라임 모기지 사업자들의 꾐에 넘어가 서민들이 돈도 날리고 집도 날리는 아픔을 반복하지 않도록 하는 데 힘쓸 방침이라고 한다.

사실 저소득층에게 대출한다고 해서 대출 부실화가 초래되는 것은 아니다. 금융 기관들이 공정한 대출 관행을 지키면 저소득층에게 대출을 해 주더라도 얼마든지 성공할 수 있다. 이와 관련하여 베런바크는 캘버트 재단의 입장을 이렇게 밝힌다.

"캘버트 재단의 CCI 증권 사업은 저소득층에게 낮은 이자와 유리한 조건으로 '내 집 마련'을 위한 대출을 해 주는 대안 금융 기관들을 돕고 있다. 앞서 언급했던 테드 켈러와 세 자녀에게 새집을 마련해 준 NDS가 그러한 대안 금융 기관이다. 캘버트 재단은 앞으로 보다 많은 NDS가 저소득층을 돕도록 하는 것을 목표로 더욱 힘차게 나아갈 계획이다."

노동하는 빈곤층, 일자리의 질을 높인다

스프링보드 포워드 Springboard Forward

오늘날 잘사는 나라든 그렇지 못한 나라든 일자리 늘리기는 발등에 떨어진 불이다. 선거 때마다 정치인들은 너나없이 일자리를 늘리겠다는 공약을 쏟아 낸다. 하지만 일자리 개수를 늘린다고 해서 일자리 문제가 모두 풀리는 것은 아니다. 일자리의 질도 함께 고려해야 하기 때문이다.

현실은 일자리의 절대량이 늘지 않는다기보다는 괜찮은 일자리가 줄고 있다는 표현이 더 적합할 것이다. 질이 개선되지 않은 일자리 늘리기는 가난한 실업자를 가난한 취업자로 만들 뿐이다. 일자리의 질이 악화되고, 일하는 빈곤층이 확대되는 추세가 이를 방증한다.

2006년 통계 자료에 따르면, 미국에서 빈곤선 이하 인구의 63퍼센트가 일자리를 갖고 있지만, 미래에 대한 희망도 없고 재정적으로도 곤경에 처해 있는 것으로 나타났다. 저임금 일자리의 수렁에서 헤어나지 못한 채 빈곤의 악순환을 거듭하고 있다는 얘기이다. 나아가 그러한 상태에서는 기업의 생산성 향상을 기대하기도 힘들다. 따라서 저임금 노동자의 빈곤 문제와 일터의 환경을 개선함으로써 기업의 생산성을 높이는 스프링보드 포워드(Springboard Forward)의 해법은 주목할 만하다.

신명 나게 일하게 하는 희망의 비즈니스

스탠퍼드 대학 출신의 엘리엇 브라운(Elliott Brown)은 실리콘 밸리의 돈바람 뒤편에서 저임금의 덫에 걸린 '일하는 빈곤층'을 위해 스프링보드 포워드를 만들었다. 그는 노동자들에게 기술 교육과 함께 보다 나은 일자리로 한 단계 뛰어오를 수 있도록 하는 일자리 멘토링 서비스를 제공하기 위해 먼저 고용 당사자인 영리 기업과의 긴밀한 협력 모델을 개발했다. 그런 다음 스프링보드 포워드의 서비스를 원하는 사람들이 있으면 고용주의 협조를 얻어 현장에 멘토를 파견했다. 이것은 일터에서 노동자들을 직접 교육함으로써 노동자 스스로 빈곤의 굴레에서 벗어나도록 하는 방식이다.

스프링보드 포워드는 샌프란시스코의 대형 할인매장 등 유통 기업 20여 곳에서 2000여 명의 노동자들에게 현장 교육을 실시해 괄목할 만한 효과를 보았다. 스프링보드 포워드가 교육을 통해 노동자들에게 심어 준 것은, 간단히 말해 노동자 스스로 보람차게 일하고자 하는 마음이었다. 즉 이왕 하는 거 내 일이다 생각하며 열과 성의를 다하면 직장에 대한 애착도 생기고, 보다 많은 임금과 승진 기회를 얻게 된다는 확신을 심어 준 것이다. 이러한 교육을 통해 노동자도 더 긍정적으로 변했지만, 기업의 생산성도 크게 향상되었다.

어찌 보면 이것은 콜럼버스의 달걀과도 같은 발상이지만, 미국 내 노동 현실에서는 상당한 설득력이 있는 것으로 입증되고 있다. 이러한 스프링보드 포워드의 활동과 그 혁신성을 높이 산 아쇼카는 2004년에 스프링보드 포워드를 펠로로 선정했고, 『패스트 컴퍼니』는 2005년에 이들에게 '사회적 자본주의자 상'을 수여했다. 빌 클린턴 대통령 행정부에서 노동장관을 지낸 로버트 라이시(Robert Reich)는 스프링보드 포워드의 방식에 크게 공감해 2004년에 이사회 멤버로 이름을 올렸을 정도이다. 라이시는 스프링보드 포워드의 방식은 단순해 보이지만 노동 문제의 핵심을 포착하고 있다고 평가했다고 한다.

그러한 평가를 받은 스프링보드 포워드의 노동자 직업 교육 프로그램은 대략 다음과 같은 것들이 있다. 먼저 '스타 일꾼 만들기' 프로그램은 현장 직무 훈련을 통해 고객 서비스 같은 특정 분야에서 일의 효율을 높여 준다. 다음으로 노동자들을 소집단으로 나누어 실시하는 새로운 기술 교육은 노동자 스스로 하고 싶은 일을 찾게 하거나 더 나은 일자리로 옮겨 갈 수 있도록 해 준다. 아울러 미래 설계 프로그램을 통해서는 노동자들이 자신의 미래를 스스로 설계할 수 있도록 돕는다. 스프링보드 포워드를 알기 전에 빈곤층 노동자들은 스스로를 인생 막장쯤으로 여기며, 미래에 대한 희망을 포기한 채 사는 경우가 허다했다. 하지만 이제 미래 설계 프로그램을 통해 삶의 희망을 되찾아 가고 있다.

스프링보드 포워드는 유통 업체 홈디포, 통신 회사 버라이즌, 스탠퍼드 대학 등에서 일하는 저임금 노동자들을 대상으로 현장 직무 교육을 제공한다. 6주간의 직무 훈련 프로그램을 마친 홈디포 노동자들을 대상으로 조사한 결과, 1년 뒤에도 이직하지 않은 비율이 86퍼센트로 나타났다. 이는 홈디포의 연평균 이직률이 62퍼센트에 이르렀던 것에 비하면 직업 만족도가 크게 개선된 것으로 볼 수 있는 수치이다. 홈디포 관리자들은 이구동성으로 스프링보드 포워드의 교육을 받은 노동자들의 업무 효율이 만족스러운 수준으로 개선되었다고 답했다.

브라운은 일하는 빈곤층 문제에 대한 해법을 이렇게 설명한다.

"저소득층 모두에게 제공할 수 있는 시스템을 찾는다면 그 시스템은 성공할 수 없다. 예를 들어 보자. 일자리가 없는 저소득층에게는 일자리를 구해 주면 된다. 그러나 저소득층이라고 해도 절반은 일자리가 있는 사람들이다. 이런 사람들에게 획일적인 일자리 제공 시스템을 적용한다면 효과를 기대할 수 없다. 따라서 스프링보드 포워드는 기술 교육과 일터 내에서의 직무 훈련을 통해 빈곤이라는 절망의 늪에서 허우적거리는 사람들을 변화시키는 데 주력한다."

스프링보드 포워드가 일터에 멘토를 파견하는 것을 일러 브라운은 "스프링보드 포워드의 희망 비즈니스"라고 말한다. 노동자들이 희망을 잃는다는 것은 기업의 측면에서 보면 회사를 위해 적극적으로 헌신하지 않는다는 뜻이 된다. 이래서는 높은 수익을 기대하기도, 소비자들에게도 질 좋은 서비스를 제공하기도 어렵다. 또한 회사가 일할 맛이 나지 않는 일터를 만들어 놓고 노동자들더러 좋은 결과를 내라고 하는 것도 어불성설이다. 스프링보드 포워드가 파견한 멘토는 노동자들과 함께 일하면서 그들의 작업 성과에 대해 칭찬하고 의욕을 북돋아 준다. 그러다 보면 노동자들은 자신이 진정으로 바라는 것이 무엇인지 깨닫게 되고, 그들이 원하는 것을 실천에 옮길 수 있게 된다. 고용주와 고용자 관계도 이전보다 훨씬 좋아진다.

요컨대 멘토를 통해 회사와 노동자 모두가 이득을 얻게 하는 스프링보드 포워드의 방식이야말로 희망의 비즈니스라 할 만하다. 물론 스프링보드 포워드는 해당 회사로부터 노동자들이 더 열심히 신명 나게 일하도록 일터의 환경을 바꿔 준 대가를 받는다.

노동자가 만족해야 소비자도 만족한다

서비스 산업에는 특이한 경향이 하나 있는데, 회사가 신참 노동자들에게 투자하기를 매우 꺼린다는 점이다. 그래서 이직률이 높은 유통 부문에서는 노동자들의 잦은 교체로 인한 직원 교육 비용을 고정적인 운영비로 받아들이는 경향이 있다.

회사에 대한 피고용자들의 소속감이 강할수록 고용자들의 최저 기대치에 긍정적인 영향을 미친다는 게 경영학의 일반론이다. 노동자들의 소속감이 강해질수록 기업의 체질이 개선되며, 소비자들은 그 회사의 제품을 구매하고 싶어진다고 보는 것이다. 스프링보드 포워드가 저임금 노동자들의 최저 임금 수준 향상에 힘을 쏟는 것도 그와 같은 맥락에서이다. 스프링보드 포워드는 일단 8~10개 유통 회사를 시작으로 기업이 노동자들에 대한 투자를 확대하게 함으로써 회사에 대한 소속감을 키워 주고, 이직률을 떨어뜨리며, 나아가 소비자 만족도도 높여 주고자 했던 것이다.

스프링보드 포워드가 2007년 5월 발표한 자료에 따르면, 미국에서 유통 부문 현장 교육의 효과는 눈에 띄게 향상된 것으로 나타났다. 현장 교육을 실시한 유통 업체의 경우, 이직을 고려하지 않는다는 노동자의 응답이 이전과 비교하여 84퍼센트나 증가했고, 현장 책임자의 만족도는 30퍼센트나 높아졌으며, 서비스 향상 여부에 대한 소비자의 긍정적인 응답도 30퍼센트나 상승했다. 특히 식료품 유통 업체의 경우, 현장 교육 실시 이전과 이후를 비교했을 때 개선 수치는 확연하게 증가했다. 자신이 하는 일과 회사가 추구하는 것이 동일하다고 느끼는가에 대한 긍정적 응답이 331퍼센트로 향상된 것이다. 현재 일자리에 대한 자부심은 148퍼센트 높아졌고, 소비자들의 서비스 만족도도 134퍼센트나 향상되었다.

이처럼 스프링보드 포워드가 노동자들을 대상으로 한 현장 교육의 성과를 수치로 보여 줄 수 있게 된 것은, 2006년 3월에 노동자의 직업 만족도를 전문적으로 조사하는 인력 컨설팅 업체 케넥사(Kenexa)와 업

담담하고 있는 스프링보드 포워드의 멘토와 노동자들

무 제휴를 한 덕분이었다. 스프링보드 포워드와 케넥사는 그해 7월부터 유통 시범 사업(Retail Demonstration Project)을 시작했다. 비영리 단체인 스프링보드 포워드가 유통 업체에서 현장 교육을 진행하고, 영리 기업인 케넥사는 이에 대한 성과 여부를 자료화하여 분석하기로 한 것이다. 이로써 스프링보드 포워드는 노동자들의 직업 교육을 위해 해당 영리 기업의 협력을 바탕으로 하는 독특한 사업 모델을 만든 데이어, 자체 프로그램의 효과를 입증하기 위해 또 다른 영리 기업과 손을 잡은 것이다.

케넥사와의 업무 제휴를 통해 스프링보드 포워드는 현장 교육이 기업의 생산성 향상에 어떤 효과를 미치는지 한눈에 알아볼 수 있는 통계 수치를 확보하고, 이를 바탕으로 저임금 노동자의 직업 교육을 보다 많은 기업들로 확대할 수 있는 기반도 마련했다. 반면 케넥사는 현장에서 적용하고 얻어 낸 각종 데이터를 확보함으로써 추후에 기업을 상대로 한 인력 컨설팅에 유용하게 활용할 수 있게 되었다.

스프링보드 포워드와 케넥사는 비록 서로 다른 시각을 갖고 있지만, 중요한 사회적 현안인 저임금 노동자 문제에 대한 해법을 마련하겠다는 공통의 목표를 갖고 있었다. 케넥사의 CEO 루디 카산(Rudy Karsan)은 "우리는 소속감이 강한 직원이 노동자로서뿐 아니라 부모로서도, 또 이웃으로서도 더 훌륭하고 더 행복한 사람이라고 믿는다."고 말하며, 스프링보드 포워드와의 협력이 사회를 개선하기 위한 그들의 해법을 크게 진작시켜 줄 것이라고 했다. 이처럼 스프링보드 포워드와 케넥사의 협력은 비영리 단체와 영리 기업의 또 다른 상생 모델로 주목 받고 있다.

2006년 8월, 찰스 스튜어트 모트 재단(Charles Stewart Mott Foundation)은 "미국 내 저임금 노동자들이 직면한 문제에 대해 새로운 기업 밀착형 해법을 제시하고 있다."며 스프링보드 포워드에 2년간 30만 달러를 지원하겠다고 밝혔다. 1926년에 설립된 찰스 스튜어트 모트 재단은 지금까지 환경 문제, 빈곤 문제 등의 해결에 앞장서는 비영리 단체 260여 곳에 1억 3000만 달러를 지원했다.

브라운은 최근 사회적 기업이 사람들의 관심의 초점이 되고 있는 이유를 두 가지 측면에서 설명한다.

"세상을 보다 나은 곳으로 만드는 것을 삶의 궁극적인 목표로 삼은 사람은 사회적 기업만큼 활력이 넘치고 실천적인 일을 찾기 힘들 것이다. 사회적 기업은 뛰어난 인재와 대단히 창의적이고 혁신적인 아이디어를 필요로 한다. 스프링보드 포워드가 아쇼카의 펠로십을 받은 것은 이러한 측면에서 좋은 평가를 받았기 때문이다. 그리고 기업에 관심이 많은 사람들이나 기업가도 세상을 보다 나은 곳으로 만들고 싶다는 욕심을 가질 수 있다. 예컨대『패스트 컴퍼니』의 '사회적 자본주의자 상'은 기업적 측면에서 바라볼 필요가 있다. 이 잡지를 주로 읽는 영리 기업의 기업가들은 '사회적 기업가들은 자유 시장 시스템을 통해 세상의 변혁을 추구하고 있다. 나는 그들의 활동을 올바른 일이라고 생각하며 나 또한 참여하고 싶다.'며, 도와줄 수 있는 길이 없을까 생각할 것이다."

브라운의 이 말은 사회적 기업이 사회적 변혁을 꿈꾸는 이들이나 영리 기업가들 모두에게 호소력 있다는 얘기이기도 하다.

사회 공헌으로 빛나는
인생 이모작

시빅 벤처스 Civic Ventures

고든 존슨(Gordon Johnson)은 햇볕 좋은 미국 남부 플로리다 주에서 산다. 젊어서 열심히 일한 덕에 일흔을 훌쩍 넘겼지만 지갑도 두툼하다. 하지만 근사한 잔디 위에서 친구들과 잡담을 하며 골프채를 휘두르지도, 물 반 고기 반이라는 바닷가에서 낚싯대를 드리우지도 않는다. 그는 그럴 시간이 없다. 지금도 그는 주당 40~60시간을 일한다.

공직에서 은퇴한 그는 사회적 기업 '이웃 가족(Neighbor to Family)'을 설립해 현역으로 복귀했다. 미국은 부모가 모두 사망한 고아를 포함해 부모가 마약, 범죄 등으로 양육 능력을 상실한 고아 아닌 고아들을 공공 고아원이나 개별 가정에 위탁하고 있다. 존슨은 이러한 위탁 양육 시스템이 갖고 있는 문제점을 개선한 새로운 사회적 기업을 세워 상처 받은 아이들도 돕고, 자신 또한 뒷방 늙은이가 아니라 현역으로서 신명 나는 노후를 보내고 있는 것이다.

존슨이 이 일에 뛰어든 것은 고아 위탁 양육만큼은 누구보다 잘할 자신이 있었기 때문이다. 그는 지난 50년간 공공 고아원 운영과 공직

생활을 통해 버려진 아이를 돌보며 한평생을 보내 왔다. 그런데 일을 하면서 뭔가 항상 부족하다고 느꼈다. 규정에 따라 기계적으로 움직이는 기존의 위탁 양육 제도는 버려진 아이들의 눈높이로 운영되지 못했던 것이다. 형제자매라고 해도 이 고아원, 저 위탁 가정으로 뿔뿔이 흩어져야 했고, 자원봉사 차원에서 고아를 받아들인 위탁 가정에서는 종종 아이들을 제대로 돌보지 못했으며, 아이들은 이집 저집, 이 고아원 저 고아원을 전전하기 일쑤였다. 일리노이 주정부의 아동가정국장을 끝으로 은퇴한 그는 규정과 관료제에서 벗어나게 되자, 기존 시스템의 문제점을 고쳐 보기로 결심했다. 그리고 그의 아내를 끌어들여 플로리다 주 데이토나 비치에서 고아 위탁 양육을 하는 비영리 사회적 기업인 '이웃 가족'을 만들었다. 1998년, 그의 나이 65세 때의 일이었다.

나이는 숫자일 뿐, 은퇴를 거부하라

존슨은 '이웃 가족'을 세우면서 세 가지 원칙을 세웠다. 첫째, 형제자매는 한곳에서 살게 한다. 둘째, 위탁 양부모들에게 월급을 지급하여 책임감과 전문성을 갖도록 한다. 셋째, 가능한 한 빨리 가족이 재결합할 수 있도록 부모들의 재활과 재취업을 돕는다.

어찌 보면 당연한 것이다. 하지만 결과는 놀라웠다. 설립 이래 2007년까지 '이웃 가족'이 돌본 아이들은 4500명에 달한다. 그리고 이 아이들 중 85퍼센트가 이집 저집으로 옮겨 다니지 않고 오직 한 위탁 가정에 머물렀다. 기존의 공공 프로그램에서 위탁 가정을 옮겨 다니는 아이들 비율이 80~90퍼센트에 이르던 것을 감안하면 획기적인 성과였다. 그만큼 '이웃 가족'의 보살핌을 받는 아이들은 정서적으로 안정이 되었다. 나아가 아이들의 70퍼센트가 낳아 준 부모의 품으로 돌아갔고, 아이들이 고아원이나 위탁 가정에 머무르는 기간도 기존의 공공 프로그램에 견주어 보면 4분의 1로 줄었다. 불량 부모로 낙인 찍혀 가정을 유지할 수 없었던 부모들이 '이웃 가족'의 도움으로 마약을 끊고, 기술을 배우고, 괜찮은 일자리도 얻어 다시 아이들을 보살피게 되었기 때문이다. 요컨대 '이웃 가족'은 버림받은 아이들을 기계적으로 돌보는 것이 아니라 궁극적으로 가족의 복원을 지향하고, 또 그것을 실천하고 있는 것이다.

'이웃 가족'을 더욱 눈여겨보게 되는 것은 '이웃 가족'의 활동이 전통적인 위탁 양육 시스템을 서서히 변화시키고 있다는 점 때문이다. 존슨이 마련한 세 가지 원칙은 단순해 보이지만, 기존의 공공 프로그램에서는 거의 작동하지 않는 가장 취약한 이음새를 손본 것이다. 다시 말해 낯익은 소명에 대해 새로운 접근을 시도한 것, 그리고 풍부한 경험자만이 알 수 있는 해법을 뒷방을 뛰쳐나온 '늙은이'가 직접 몸으로 보여 준 것, 그것이 바로 '이웃 가족'의 성공 요인이자 사회적 혁신의 핵심이었다.

물론 미국 전역에서 위탁 양육되는 아이들이 50만 명에 달하는 현실에 비추어 보면, '이웃 가족'의 성과가 초라하게 보일 수도 있다. 하지만 존슨은 '이웃 가족' 서비스를 하고 있는 지역을 현재의 5개 주에서 7개 주로 늘릴 계획이다.

사회적 기업을 시작하는 데 나이는 문제되지 않는다. 존슨은 "나에게 은퇴란 없어. 말안장 위에서 (현역으로) 죽음을 맞을 거야. 나는 참으로 신 나게 일하고 있거든."이라고 말한다. 그런 그에게 뜻밖의 선물이 주어졌다. 60세 이상 노인 가운데 사회적 기업을 창업하거나 뛰어난 사회적 혁신을 한 사람에게 주는 '목적 상(Purpose Prize)'의 2007년 수상자로 선정된 것이다.

목적 상 제도는 고령자를 위한 싱크 탱크이자 사회적 창업 보육 센터인 시빅 벤처스(Civic Ventures)가 주관하고, 애틀랜틱 자선 재단(The Atlantic Philanthropies)과 존 템플턴 재단(The John Templeton Foundation)이 900만 달러의 기금을 내놓아 만들어졌다. 베이비부머(Baby Boomers)가 60세를 맞은 2006년에 처음 시작해 2008년까지 3년 동안만 한시적으로 운영되는 이 상은, '인생은 60부터'라는 말을 희망 사항이 아니라 현실로 옮긴 고령의 사회적 혁신가를 발굴해 다른 은퇴자들의 귀감으로 삼겠다는 취지로 제정되었다.

2007년의 경우 1000명의 후보자 가운데 10만 달러를 받는 5명과 1만 달러를 받는 10명 등 모두 15명이 목적 상 수상자로 선정되었으며, 상금이 없는 목적 상 펠로로는 40명이 선정되었다. 존슨과 더불어 10만 달러의 상금을 받은 수상자 가운데는 90세를 넘긴 호호백발의 할아버지도 있었다. 1999년 애리조나 주 투산에 교육 관련 비영리 사회적 기업 '열린 생각(Opening Minds)'을 세운 유진 존스(H. Eugene Jones)가 그 주인공이다.

유진 존스는 초·중등학교에서 예술 교육을 소홀히 하는 것은 국가적 문제라는 인식 아래 수학, 과학, 사회 등의 교과 과정에 음악, 미술, 문학 등의 예술 교육을 접목하는 일을 하고 있다. 앞서 보았던 데이비드 위시의 '리틀키즈록'이 기타와 록으로 음악 교실을 연 경우와 비슷한 취지이다. '열린 생각'은 그 교육적 효과를 인정받아 교육부로부터 500만 달러의 지원금을 받기도 했다.

존슨은 사회적 혁신에서 고령자의 이점을 이렇게 말한다.

"나는 젊은이들보다 세상에 대해 더 많이 알고 있으며, 바로 그 점에서 현명하다고 할 수 있다. 그리고 젊은 시절이었다면 흥분하거나 좌절했을 법한 일에 지금은 보다 침착하게 대응한다. 일희일비하지 않고 올바른 방향으로 제대로 움직이는지에만 집중하는 것이다."

은퇴 뒤 앙코르를 위하여

존슨이나 유진 존스와 같이 나이 많은 사회적 기업가를 발굴하고, 공익 재단을 움직여 거액의 기금을 이끌어 낸 것이 '고령자의 아쇼카'라고 할 수 있는 시빅 벤처스이다. 시빅 벤처스는 은퇴자들로 하여금 그들의 경험이 사회와 개인에게 유익한 일에 쓰일 수 있도록 사회적 여건을 만들고, 관련 프로그램을 개발하는 일을 한다. 이른바 실버 싱크 탱크이자 고령자의 사회적 벤처 창업 보육 센터인 셈이다.

시빅 벤처스는 미국의 고령사회 전문가인 마크 프리드먼(Marc Freedman)과 사회적 기업가 존 가드너(John Gardner)에 의해 1990년대 후반에 출범했다. 프리드먼은 일찍이 『황금 시간대(*Prime Time*)』(2002)에서 새로운 노년층이 미국에 새 삶을 가져다줄 것이라고 예언했는데, 이것이 시빅 벤처스의 출발선이다. '새로운 노년층'이란 2차 대전 이후 태어난 이른바 베이비부머 7700만 명이 2006년에 환갑을 맞아 무더

기로 은퇴하면서 형성된 새로운 세대를 이르는 말이다. 프리드먼은 베이비부머들이 자신들에게 주어진 황금 시간대를 사회활동과 자원 봉사, 평생학습의 시간으로 바꿔 놓을 것이라고 낙관한다. 이는 베이비부머 세대가 젊어서 기성 권위에 도전했듯이, 이제는 노년이나 은퇴에 대한 전통적인 관념을 거부할 것이라는 얘기이다.

교육도 충분히 받고 경험도 풍부한 이들이 적극적인 사회적 혁신가로 활동할 수 있도록 제2의 인생, 즉 '앙코르 무대'를 만들어 주자는 것이 시빅 벤처스의 설립 취지이다. 뭔가 사회에 도움이 되는 일을 하고 싶어도 어떻게 해야 할지 모르거나, 어떤 일을 하려는 데 도움이 필요한 고령자들을 위해 그들의 눈높이에 맞는 프로그램을 개발하고, 맞춤형 서비스를 제공하는 일을 하겠다는 것이다.

이를 위해 시빅 벤처스가 주목하는 것은 크게 두 가지이다. 하나는 고령자에 대한 사회의 낡은 편견을 깨는 것이고, 또 하나는 고령자 스스로 낡은 틀에서 벗어나게 하는 것이다. 실제로 나이란 단지 숫자에 불과함을 보여 주는 고령자들이 많이 있다. 그들은 나이가 많다고 뒤로 물러나야 한다는 사회의 편견을 거부한다. 길은 끊어진 데서 다시 시작되듯, 고령자들은 은퇴 후에도 젊었을 때 못지않게 창조적이고 생산적이며 혁신적일 수 있다.

그러나 사회는 고령자에게 그다지 우호적이지 않다. 백발이 성성하고 이마의 주름 골이 깊어지긴 했어도 새로운 삶을 개척하는 60대, 70대의 노익장이 적지 않건만, 사회의 시선은 유별난 사람이란 인식에 머물기 일쑤였다. 시빅 벤처스가 목적 상을 만든 것은 고령자에 대한 그러한 편견을 깨뜨리고, 노년을 새롭게 바라볼 수 있는 계기를 마련해 주기 위해서였다. 정년 퇴임은 인생을 정리해야 할 시점이 아니라, 원숙한 경험을 바탕으로 청·장년기와는 다른 창조적 공헌을 할 수 있는 또 다른 출발이다.

시빅 벤처스는 일종의 지주회사에 가깝다. 고령자를 위한 다양한 프로그램들이 시빅 벤처스의 이름 아래 그물처럼 몰려 있다. 그 중 '경험 봉사단(Experience Corps)'은 말 그대로 경험이 풍부한 은퇴자들을 사회적 활동에 자원봉사자로 투입하는 프로그램이다. 이 프로그램은 14개 도시에서 55세 이상의 은퇴자 1800여 명을 조직해 그들을 필요로 하는 곳에 배치하여 각각의 지식과 경험을 살릴 수 있게 한다. 경험봉사단이 주로 활동하는 영역은 교육 분야이다. 대도시 도심의 공립학교에서 방과 후에 저소득층 아이들의 공부를 도와주거나(tutoring), 아이들이 바르게 살아갈 수 있도록 희망을 심어 주는(mentoring) 일을 한다. 아이들에게는 든든한 할머니, 할아버지 선생님이 생기고, 은퇴자들에게는 자신이 여전히 사회에 쓸모 있는 존재임을 확인할 수 있는 기회를 제공하여 일거양득의 효과를 거두고 있는 것이다.

또 시빅 벤처스의 특성을 고스란히 보여 주는 '새로운 무대(The Next Chapter)' 프로젝트는 베이비부머로 불리는 신세대 노인들이 공익을 위해 보다 우아하고 보다 생산적이며 보다 혁신적인 일을 하도록 지원하는 프로그램이다. 이를 위해서 시빅 벤처스는 우선 기본 원칙에 공감하는 지역사회의 기존 고령자 시민단체와 공공단체는 물론이고, 각종 공익 재단과 긴밀한 협력 네트워크를 구축했다. 이 네트워크는 여생을 공익을 위해 헌신하려는 고령자, 그들을 필요로 하는 각종 단체, 그리고 그들에게 기꺼이 기부하려는 재단을 효율적으로 이어 주는 데 활용된다. 지역사회의 공공 도서관과 대학들은 고등교육을 받은 신세대 고령자들에게 자원봉사나 유급 일자리를 제공하기도 하고, 더 배우고 싶은 이들에게 평생교육의 장을 마련해 주기도 한다. 노인요양소나 양로원에서 왕년의 경험과 지식을 활용할 수도 있다. 넓은 의미에서 보면 경험 봉사단도 새로운 무대 프로젝트의 하나인 셈이다.

시빅 벤처스는 메트라이프 재단(MetLife Foundation)과 공동으로 '극복상(BreakThrough Awards)'도 만들었다. 극복 상은 60세 이상의 뛰어난 사회적 혁신가를 상찬하는 '목적 상'과 달리 50세를 넘긴 사람들에게 잠들어 있는 열정을 일깨워 주고, 경험을 되살릴 수 있도록 지원해 주는 시민단체에 주는 상이다. 은퇴를 앞두었거나 이미 은퇴한 고령자에게 앙코르 일자리를 제공할 수 있는 혁신적인 대안들이 보다 많이

시빅 벤처스의 설립자 마크 프리드먼

제시되도록 하겠다는 취지이다.

시빅 벤처스는 인터넷을 적극 활용한다. 예를 들면 '나이 먹기(Coming of Age)'라는 인터넷 뉴스레터를 제작해 발송하는데, 이를 통해 고령자 관련 각종 뉴스와 연구 보고서 및 조사 등을 간추려 전해 주고, 읽을 만한 책을 추천하거나 유익한 모임도 소개한다. 고령자 커뮤니티 사이트인 '나는 뒷방 늙은이가 아니라네(Still Working)'도 그 중 하나이다. 이 사이트는 제2의 인생을 맞아 멋진 앙코르를 연주하고 있는 고령자들이 어디서 무슨 일을 어떻게 하고 있는지, 일을 하는 과정에서 맞닥뜨린 애로는 어떻게 해결하는지, 그러는 동안 어떤 보람을 얻을 수 있었는지 등을 터놓고 얘기하는 곳이다. 고령자 커뮤니티 사이트는 새로운 일을 찾은 고령자들의 목소리로 삶의 이야기를 공유함으로써 새로운 일을 모색하는 이들에게 역할 모델을 제시하고 자극이 되도록 한다는 취지를 담고 있다. 언뜻 단순해 보이지만, 이 프로그램은 시빅 벤처스의 핵심 사업이라고 할 수 있다.

기실 목적 상도 '나는 뒷방 늙은이가 아니라네'란 프로그램의 연장선에 있다. 고령자를 대상으로 하는 목적 상은 수상자의 평생 공로를 기리는 것이 아니라 60세 이후에 이루어 낸 사회적 혁신만을 평가한다. 목적 상 심사 위원장인 셰리 랜싱(Sherry Lansing, 패러마운트 픽처스의 전 회장으로 셰리 랜싱 재단의 최고경영자)은 목적 상을 일러 "창조적 개인들이 앞으로 해 나갈 중요한 사회적 활동들에 대한 필수적인 투자"라고 설명한다.

시빅 벤처스는 목적 상 수상자와 펠로들의 만남의 공간도 마련한다. 2007년 11월 스탠퍼드 대학 경영대학원의 사회적 혁신 센터에서 열린 '혁신 서밋(Innovation Summit)'에는 2006~2007년 목적 상 수상자 150여 명이 초대되었다. '혁신 서밋'은 각자의 영역에서 활동해 온 고령의 사회적 혁신가들에게 만남의 장을 제공함과 동시에 세상을 바꾸기 위해 분투하는 고령자들의 존재감을 드러내는 홍보의 장이기도 하다. 더구나 여기에는 사회적 혁신을 주도하는 제4섹터의 주요 활동가뿐 아니라 학자들과 각종 지원 재단 및 사회적 벤처 캐피털 관계자들도 대거 참석한다.

프리드먼은 목적 상 수상자들을 일러 "사회적 벤처를 통해 자신의 경험과 열정을 사회적 난제 해결에 쏟아 부은 혁신가들이다. 그러나 그들은 단순한 혁신가 그 이상의 인물들"이라고 평가한다. 또한 그는 미국의 고령사회에 대한 이야기를 담고 있는 『앙코르(Encore-Finding Work That Matters in the Second Half of Life)』(2007)에서 "목적 상 수상자들은 베이비부머들이 중년의 단계를 끝내고 새로운 일을 통해 세상에 공헌을 할 수 있는 단계로 진입할 때 과연 무엇을 할 수 있는가를 보여 주는 고무적인 징표와도 같다."고 강조했다.

프리드먼은 이 책에서 '앙코르'란 중년을 마감하고, 진정한 노년이 시작되는 인생의 새로운 단계라고 정의한다. 멋진 연주를 다시 청해 듣는 앙코르와 마찬가지로 은퇴는 끝이 아니라 새롭게 펼쳐지는 앙코르 무대라는 것이다. 그는 노년에 시작하는 '앙코르 일자리'를 수입도 보장하고, 새로운 의미도 찾게 해 주며, 사회적으로도 거대한 영향을 미칠 수 있는 노동이라고 말한다.

하지만 시빅 벤처스는 제4섹터만의 노력으로 고령사회와 고령자의 앙코르 일자리 문제가 해결되리라는 순진한 생각을 하지는 않는다.

사회적으로 유익한 일을 하려는 새로운 고령자들의 에너지를 제대로 활용하기 위해서는 제1, 2, 3섹터인 정부와 기업, 비영리 시민단체가 제4섹터인 사회적 기업 등과 함께 머리를 맞대야 한다. 다시 말해 명실상부한 황금의 노년기를 위해서는 모든 섹터가 협력해야 한다는 뜻이다. 이전에 만들어진 정년과 은퇴의 공식은 새로운 고령자들에게 맞지도 않을뿐더러, 새 삶을 개척하려는 이들에게 박차가 되기는커녕 걸림돌이 되고 있다. 따라서 일찍이 경험해 보지 못한 새로운 고령사회를 위해 나이 든 이들에 대한 편견과 기존의 사회 제도를 바꾸는 것이 급선무라 하겠다.

돈도 벌고,
세상도 구하는 착한 기업

B랩 B Lab

길거리 농구를 후원하는 '앤드원(AND 1)'이란 농구 전문 스포츠 브랜
드가 있다. 지금은 경영자도 바뀌고 본사도 캘리포니아로 옮겨 갔지
만, 이 회사는 원래 1993년 펜실베이니아에서 시작되었다. 펜실베이
니아 대학 경영대학원에 다니던 제이 코언 길버트(Jay Coen Gilbert)가
친구 세드 버거, 탐 오스틴과 함께 대학원 과정 프로젝트의 하나로 시
작한 벤처 회사가 바로 앤드원이다. 앤드원이라는 회사 이름은 농구
용어에서 따왔다. 농구에서 앤드원은 슈팅 자세에서 파울을 당했을
경우 슛이 들어가면 득점으로 인정하고 추가로 자유투 기회까지 주는
규칙을 가리킨다.

앤드원은 1996년에 프로농구 스타 스티븐 마버리가 앤드원의 농구
화를 신으면서 알려지기 시작했다. 그리고 1998년에 우연한 기회로
후원한 길거리 농구 대회가 ESPN 등의 스포츠 전문 채널에 중계될 정
도로 인기를 끌면서 앤드원의 인지도도 급속히 상승, 창립 10년 만에
연 매출 2억 달러를 올리며 스포츠 브랜드의 거물이 되었다.

하지만 길거리 농구는 앤드윈 성공 신화의 사소한 에피소드에 지나지 않는다. 앤드윈은 출발선에서부터 여느 기업들과는 다른 길을 걸었다. 앤드윈은 사회적으로 '착한 기업'이 되어야 한다는 경영 철학을 가지고 있었으며, 실제로 그것을 실천에 옮겼다. 우선 수익의 5퍼센트를 떼어 지역사회에 기부했다. 경기가 나빠 회사 사정이 어려울 때조차도 5퍼센트 기부 원칙은 꼭 지켜졌다. 그리고 임금과 각종 보험은 물론이고, 사내 체육관을 짓거나 요가 교실을 여는 등 직원들의 복지에 아낌없이 투자했다. 그런 이유 때문인지 앤드윈에서 일하고자 하는 사람들이 대거 몰려들어 앤드윈의 지원 대기자 명부는 늘 두툼했다고 한다. 앤드윈은 지역사회의 빈곤층 젊은이들을 위해 직업 훈련과 각종 교육 프로그램을 제공하는 한편, 협력 회사들에게는 높은 기준의 윤리 경영을 요구했다. 저임금 장시간 노동을 강제하거나 회계가 불투명한 기업과는 거래를 끊는 식이었다.

앤드윈은 분명 영리 기업이었지만, 사회 공헌을 부차적인 것이 아니라 기업의 주력 활동으로 삼았다. 앤드윈의 이러한 착한 기업 이미지는 회사의 수익을 늘려 주었고, 늘어난 수익은 다시 직원들에 대한 각종 지원과 지역사회로 환원되었다. 그야말로 선순환의 구조였던 것이다.

하지만 회사의 성장은 결과적으로 앤드윈의 경영 철학을 위기로 몰고 갔다. 주식을 공개하자 외부 투자자들의 경영 간섭이 시작되었던 것이다. 주주들의 주식 배당 압력은 드셌고, 그에 따라 외부 투자자들과 길버트를 비롯한 창업 멤버 사이에 충돌이 생겼다. 투자자들은 더 큰 주식 배당에만 관심이 있을 뿐, 회사가 기부나 사회 공헌에 돈을 쓰는 것을 받아들이지 않았다. 길버트는 2005년에 결국 앤드윈을 매각하게 된다. 당시 그는 이런 말을 했다.

"기업 정관상 우리의 유일한 책임은 주주들에게 최대한의 배당을 하는 것이다. 그리고 그것이 회사를 매각할 수밖에 없었던 이유이다."

매각 후 앤드원의 기업 문화는 일변했다. 길거리 농구 지원은 홍보 효과가 있다는 이유로 지속되었지만, 직원 복지와 지역사회 활동은 물론이고 이윤의 5퍼센트를 반드시 기부하던 전통마저 사라져 버렸다. 이윤은 모두 주주들에게 돌아갔다.

길버트는 앤드원의 성공과 좌절을 거울삼아 기업 문화 혁신이라는 새로운 일에 나섰다. B랩(B Lab)을 통한 'B기업(B Corporation) 운동'이 바로 그것으로, 착한 기업들이 그 착함을 지속할 수 있는 새로운 생태계를 만들겠다는 것이었다.

주주 주권론에 대한 반성

앤드원의 사례와 B기업 운동은 영리와 비영리의 경계를 허문 제4섹터에서도 독특한 지형을 차지하고 있다. 사회적 기업의 주류는 사회적 소명을 위해 영리의 영역을 흡수하는 형태이므로 제3섹터인 시민사회의 속성이 주를 이룬다. 하지만 B기업은 '영리 기업이 공공성을 강화'한 형태로 제2섹터인 민간 기업이 주도권을 쥐고 있다.

특히 B기업 운동은 미래에 사회적 기업들이 부딪칠 수 있는 문제를 앞서 짚어 준다는 점에서도 주목할 만하다. 사업이 잘돼 기업이 일정 수준에 이르게 되면, 기업가는 규모를 더 키울 것인가 말 것인가를 놓고 고민하게 된다. 성장을 위해 기업 공개가 불가피해지는 시점을 맞게 되는 것이다. 하지만 기업 공개는 양날의 칼이다. 외부의 자금을 끌어들일 수는 있지만, 주주의 경영 간섭이 커지고 인수·합병(M&A)의 위험에 노출된다. 더구나 앤드원처럼 독특한 경영 철학을 갖고 있는 기업은 기업을 공개할 것인가 말 것인가를 결단하기가 쉽지 않다. 외부 투자자들을 받아들이고 경영 철학을 포기하는 결과를 감수하든지, 기업 공개를 하지 않고 버티면서 더디게 성장하든지 사이에서 양자택일을 해야 하는 것이다. 이러한 딜레마에서 벗어나 새로운 시각에서 제3의 선택지를 마련하자는 것이 B랩의 취지이자 B기업 운동의 지향점이다.

사무용품 판매 기업인 기브섬싱백(Give Something Back)은 해마다 세후에 순이익의 절반을 지역사회에 기부하는 특이한 회사로, 1991년에 종자돈 4만 달러로 시작해 2006년에 2500만 달러의 매출을 기록했다. 이처럼 가파른 성장세를 보이는 회사에 투자자들이 눈독을 들이지 않는다면 외려 이상한 일일 터이다. 이 회사가 외부 투자를 받기로 마음만 먹는다면 지금까지보다 훨씬 빠른 속도로 성장하게 될지도 모른다. 그러나 이 회사의 설립자인 마이크 해니건(Mike Hannigan)은 기업을 공개하지 않기로 결정했다. 해니건은 그 이유를 이렇게 설명했다. "우리는 투자자들에게 투자 기회를 제공할 수 없다. 이는 우리의 사회적 목적을 위해서는 불가피한 결정이다."

기업을 공개하면 기업은 상법상 주주들에게 최대한 배당을 해 줄 의무를 지니게 된다. 무슨 농사를 짓든 상관없이 지대만 꼬박꼬박 챙기는 부재지주처럼 일반 주주들은 주가나 배당의 크기에만 관심을 기울인다. 따라서 자신이 배당 받아야 할 이윤이 기부나 직원 복지로 빠져

나가는 것을 반길 리 만무하다. 하지만 비공개 기업이라면 다수의 주주가 아니라 경영 철학을 공유하고 기업의 사정도 잘 아는 소수의 투자자들만 상대하면 된다.

해니건은 외부 투자를 받아들일 경우 투자자들이 회사가 수익의 절반을 지역사회에 기부하는 관행에 제동을 걸지 모른다고 우려했다. 그 우려는 결코 우려로 끝나지 않는다. 유기농 아이스크림을 만든 벤앤제리스(Ben & Jerry's)의 경우만 보아도 그것을 알 수 있다. 이 회사의 설립자 벤 코헨과 제리 그랜필드는 2000년에 네덜란드의 다국적 기업 유니레버로부터 인수 제의를 받았다. 코헨은 유니레버의 적대적 인수를 피하기 위해 좀 더 우호적인 다른 투자자 그룹이 인수 제안을 내도록 설득했다. 그런데 이 투자자 그룹이 제시한 인수 가격이 유니레버보다 낮았다. 결국 그해 4월 밴앤제리스는 유니레버에 3억 2600만 달러에 팔리고 만다. 유니레버에 인수되면서 벤앤제리스의 창업 정신이 훼손되었음은 말할 나위도 없다.

B랩은 바로 이러한 상황을 막기 위해 만들어졌다. 길버트는 앤드윈의 전 회장 버트 훌러핸, 사모펀드인 MSD 캐피털의 앤드루 캐소이와 뜻을 모아 B랩을 공동 설립했다. B랩은 새로운 형태의 기업, 즉 B기업의 싱크 탱크이자 네트워크를 지향한다.

B랩과 B기업이 내세우는 B는 beneficial(유익한)의 머리글자이다. 일반 기업이 추구하는 사적 이익을 뜻하는 영리(profit) 대신 유익(benefit)을 앞세우는 것이다. 길버트는 B기업을 "공익을 추구하는 민간 기업"이라고 하면서, 그들의 경제 활동을 제4의 유익 섹터(Fourth Benefit Sector)라고 정의한다. B랩은 B기업이 사회적 책임을 다하는 기

업임을 소비자와 투자자들에게 증명해 주는 일종의 인증 시스템을 만들었다.

B기업이란 인증을 받기 위해서는 기업의 정관을 고쳐야 한다. 즉 그 기업의 정관에 기업의 주인은 주주(shareholder)가 아니라, 주주를 포함한 직원과 지역사회 및 소비자 등 다양한 이해 당사자(stakeholder)라고 명시해야 하는 것이다. 이렇듯 이해 당사자 주권론을 분명히 하는 것은 주류 이론인 주주 주권론에 대한 저항이자, 최근 활기를 띠고 있는 기업의 사회적 책임(CSR)보다 한 걸음 더 나아간 민간 기업 혁신으로 볼 수 있다.

B랩에 따르면, 기업의 정관에 이해 당사자 주권론을 명시하면 해니건과 같이 B기업을 지향하는 기업가들이 기존의 경영 노선을 바꾸도록 외부 투자자들이 압력을 넣지 않을까 하는 불안에서 벗어날 수 있다고 한다. B기업 인증을 받은 기브섬싱백의 해니건은 "우리에게 이러한 노력은 거대한 진전"이라고 단언했다.

B랩의 보고에 따르면, 2007년 상반기까지 24개 회사가 B기업 인증을 받았다고 한다.

착한 기업 인증 운동을 펼치다

'진보적 투자 운용(Progressive Investment Management)'의 레슬리 크리스천(Leslie E. Christian) 회장은 2004년 오리건 주 포틀랜드에서 새로운 개념의 지주회사인 업스트림 21(Upstream 21)을 설립하면서, "우리는 주주들의 이해만 좇아 일하지 않는다는 것을 분명히 하고 싶었다."고 선언했다. 업스트림 21은 B랩의 기준에 따라 정관을 바꾸고, 2007년 초에 첫 번째로 B기업 인증을 받았다. 이때 크리스천 회장은 "기업을 성공으로 이끄는 것은 무엇일까. 부재주주인가? 아니다. 기업을 성공으로 이끄는 것은 바로 그 기업에서 일하는 사람들이다."라고 말했다. 이는 기업을 단기적인 이익 추구로 몰아가고, 사회적 책임을 소홀하게 만드는 주주 주권론에 대한 강한 거부감을 표현한 것이다.

정관을 개정한다고 모두가 B기업이 될 수 있는 것은 아니며, B기업 인증을 받는 것만으로 모든 게 끝나는 것도 아니다. 인증 받은 B기업은 매출의 0.1퍼센트를 B랩에 내야 한다. 그리고 B랩이 150여 명의 기업가와 투자자 및 학자들의 자문을 거쳐 마련한 평가 기준에 따라 100점 만점에 40점 이상을 얻어야 인증 자격을 유지할 수 있다. 평가 기준은 환경 친화적 건물에 대한 LEED 인증이나 무역 윤리를 위한 공정 무역 인증과 흡사하다. 평가는 기업의 의사 결정이 민주적으로 이루어지는지, 유익 증대를 위해 사회적 책임을 다하는지, 수익의 몇 퍼

B기업의 지구화사인 업스트림 산하 회사:
세파슨 스테이트 포레스트 프로덕츠의 공장 모습

센트를 기부하는지, 에너지 사용이나 재료 및 공정은 얼마나 환경 친화적인지 등 다양한 기업 활동을 항목화하여 점수를 매김으로써 이루어진다.

이러한 엄격한 평가 과정을 거쳐 B기업 인증을 하는 것에 대해 길버트는 "소비자들이 착한 기업과 마케팅을 잘하는 기업을 구분할 수 있게 도와주기 위함"이라고 말한다. 마케팅 차원에서 기업의 사회적 책임을 흉내 내는 기업과 사회적 유익 추구를 목적으로 하는 B기업이 확연히 다르다는 사실을 보여 주겠다는 것이다.

물론 B기업 운동이 지지만 받는 것은 아니다. 혹자는 B기업 인증제를 비판하기도 한다. 유기농 인증제가 대규모 유기농 농장을 출현시키면서 자영농이 설 자리를 잃게 만들어 애초의 취지가 퇴색된 것과 마찬가지로, B기업 인증제가 사회적 유익을 증진하기 위해 조용히 노력해 온 기업들을 뒷전으로 밀어낼 우려가 있다고 한다. 또 다른 비판은 B랩이 기업을 평가하는 조사 항목에 관한 것이다. '회사는 단합 대회나 팀워크를 다지는 행사를 적어도 1년에 두 번은 하는가?'와 같은 설문 조사가 과연 기업의 사회적 책임에 부합하는 것이냐는 의문이다. B기업은 사원 주주 기업에서는 강점을 지닐 수 있지만, 환경 감시와 같은 부문에서는 약점을 가진다는 비판도 있다.

무엇보다도 비판의 소리가 높은 것은 B랩의 주식회사 정관 개정에 관한 것이다. 기업이 자체적으로 바꾼 정관이 주식회사에 관한 일반 법률과 상충될 때 법정에서 과연 어떤 효력을 발휘할지 미지수라는 것이다. 만약 B기업이 경제적인 이유에서 부득이 직원의 절반을 정리해고한다면, 이해 당사자 주권론을 명시한 이상 해고자들로부터 소송을 당하게 될 개연성이 크다. 또한 이해 당사자 주권을 인정하는 정관 개정의 필요성에 대한 의문도 있다. 주식회사가 주주에게 최대한의 배당을 해야 한다는 것이 실제로 법률로 강제할 수 있는 사안인지에 대해 법학자들의 해석이 엇갈리고 있기 때문이다. 일례로 밴더빌트 대학의 마거릿 블레어 교수는 "주주에 대한 배당 의무는 신화일 뿐이다. 민간 기업의 소유주가 적대적 인수 위협을 받지 않는 상황에서 주식회사의 정관을 수정할 필요가 있다고 느낀다는 사실 자체가 놀라울 따름"이라고 말한다.

그러나 사회적 유익을 추구하는 기업들이 B랩의 기준에 맞추려는 노력은 확산되고 있으며, B기업 인증제에 대한 필요성에 긍정하고 적극 후원하는 이들도 늘고 있다. 현재 친환경 비누와 세제를 만드는 메소드 프로덕츠(Method Products)의 공동 설립자 애덤 로우리, 킹 아서 제분의 CEO 스티브 보이그트, 코멧 스케이트보즈의 공동 창립자 제이슨 샐피 등이 B랩의 후원자로 활동하고 있다. 소비재 생산 업체인 세븐스 제너레이션의 CEO 제프리 홀렌더는 지금까지 10여 개의 다른 인증 평가제에 참여를 고려했지만, 취지에 공감할 수 없어 그만두었다며 이렇게 말했다.

"표준이 없으면 기업의 사회적 책임도 신뢰성을 잃게 될 개연성이 대단히 높다. 나는 B랩이 완벽하다고는 생각지 않지만, 지금 당장 정말로 필요한 것임을 믿어 의심치 않는다."

사회적 기업의 발전을 촉진하는 조직이 B랩만 있는 것은 아니다. 비영리 단체인 자연 자본 연구소(Natural Capital Institute)는 기업의 사회적 책임을 평가하는 와이저(Wiser)라는 기준을 개발해 '리빌(Reveal)'이라는 인증 표시제 시행을 추진 중에 있다.

B랩의 기준이 완성된 것이 아닌 만큼 길버트는 B기업 운동의 기본 취지를 살릴 수 있는 최적의 방안들을 지속적으로 모색하고 있다. 그는 B랩의 목표를 두 가지로 압축한다. 하나는 소비자와 투자자들이 사회적 책임을 다하는 기업을 한눈에 식별할 수 있도록 통합 브랜드를 만드는 것이다. 이 말은 B기업을 그 상징으로 삼겠다는 의미이기도 하다. 다른 하나는 기업 공개나 외부 투자자 유치에 어려움을 겪는 B기업을 위해 일종의 지주회사를 만드는 것이다. 사회적 투자에 관심 있는 투자자들을 이 지주회사로 끌어들여 B기업에 간접 투자할 수 있는 길을 열어 보겠다는 뜻이다.

요컨대 B랩의 목표는 B기업의 생태계를 만드는 것이며, 이 점에서 B기업 생태계는 다른 사회적 기업과 더불어 제4섹터라는 사회적 생태계의 일부를 이루겠다는 의지의 발현이라고도 볼 수 있다.

공익 재단,
증권 시장에 뛰어들다

알트루세어 증권 Altrushare Securities

2006년 3월 출범한 코네티컷 주의 알트루세어 증권(Altrushare Secuities)은 겉보기에는 증권 매매 중개 수수료나 시장 분석 보고서 판매로 돈을 버는 여느 증권사와 다를 바 없다. 하지만 이 회사의 이익금은 주주들에게 배당금으로 나가는 것이 아니라, 대학생 직업 교육이나 빈곤층 주택 사업 등 공공선을 위해 쓰이고 있다.

알트루세어 증권은 첨단 금융 기법을 통해 잘나가는 다른 증권사들과 경쟁하는 영리 추구형 기업이면서 동시에 비영리 재단이 최대 주주인 증권사 최초의 공익 기업이다. 이 회사 지분의 3분의 2는 공익 재단 2곳이 소유하고, 나머지 3분의 1은 비영리 단체를 지원하기 위한 펀드와 알트루세어 증권의 직원들이 갖고 있다.

그러면 알트루세어 증권은 영리 추구 기업으로 봐야 할까, 아니면 자선기금 모금을 위한 비영리 단체로 봐야 할까. 알트루세어 증권은 전통적으로 상반되는 이 두 가지 성격을 모두 아우르고 있다. 따라서 알트루세어 증권은 최근 빠르게 성장하고 있는 영리 기업과 비영리 단체의 특성을 동시에 지닌 하이브리드 조직이자 사회적 기업의 한 예라고 할 수 있다.

알트루세어 증권의 설립자인 피터 드래셔(Peter Drasher)는 "우리는 영리를 추구하는 제도권 내 증권 회사이며, 증권 매매나 수수료는 물론 투자 기법과 인재 확보 등 모든 면에서 다른 일류 증권사들과 경쟁한다."라고 밝히며, 알트루세어 증권이 여느 증권사와 다른 점은 비영리 단체가 회사를 소유하고 있다는 것, 그리고 남은 이윤으로 지역사회를 지원한다는 사실이라고 설명했다.

알트루세어 증권은 지난 40년간 미국뿐 아니라 국제 증권 시장에서 잔뼈가 굵은 증시 전문가들로 구성되어 있다. 이 증권사는 '지역사회 투자 기업'이라는 비즈니스 모델을 통해 고객들에게 비용을 부담시키지 않으면서도 전통적인 중개 서비스와 기업의 사회적 책임을 결합시키고 있다. 이를테면 고객들에게는 투자 수익을 제공하고, 증권 거래 수수료로 생긴 이 회사의 이익은 공익사업에 기부하는 방식이다. 아울러 공익사업에 이익을 기부하는 과정은 철저하게 지역사회와 밀착되어 있다. 예컨대 A라는 주에서 전체 수수료 수익의 20퍼센트가 발생했다면, 이윤의 20퍼센트를 그 주에 투자하는 식이다.

드래셔가 알트루세어 증권의 회장으로 영입한 돈 에드워즈(Dawn Edwards)는 알트루세어 증권의 목적은 경제적으로 소외된 지역사회를 지원하기 위해 지속 가능한 재원을 개발하는 것이라며, "똑같은 서비스를 제공하고 거래 수수료 등의 비용도 동일하다면, 투자자들은 이윤을 사회에 환원하는 증권사를 선택하게 될 것"이라고 단언한다.

실제로 이윤을 공익사업에 재투자하는 알트루세어의 독특한 사업 모델은 천문학적인 금액을 운용하는 공적 연기금들에게 매력적인 대행사로 떠오르고 있다. 여느 증권사 못지않게 투자 수익을 올려 주면서도, 자신들이 지불하는 거래 수수료가 공익사업에 쓰인다면 연기금으로서는 일석이조의 효과를 거두는 셈이기 때문이다. 그런 이유로 운용 자산 규모가 2152억 달러에 달하는 캘리포니아 공무원 퇴직 연금(CPERS)도 알트루세어 증권과 거래를 시작했다.

공익 재단과 함께 지역사회를 돕다

알트루세어 증권의 대주주는 공익 재단인 샌프란시스코의 타이즈 재단(Tides Foundation)과 뉴욕의 언더독 재단(Underdog Foundation)이다. 타이즈 재단의 최고경영자 드러먼드 파이크(Drummond Pike)는 자신을 "지역사회 투자 기업이라는 혁신적인 비즈니스 모델을 개발한 알트루세어 증권의 자선 활동 부문의 파트너"라고 소개한다.

1976년 설립된 타이즈 재단은 비영리 활동을 지원하는 기부자로, 사회적 혁신을 추구하는 비영리 단체와 자선가들을 연결시켜 주는 기부의 중개자이자 관리자이다. 이 재단은 지역사회에서 활동하는 풀뿌리 비영리 단체들뿐 아니라 인권, 경제 정의, 건강하고 지속 가능한 환경 등을 위해 활동하는 국내외 진보적 운동을 지원하고 있다. 또한 타이즈 재단은 알트루세어 증권의 수익금을 사회에 환원하기 위해 '알트루세어 오퍼튜니티 펀드'도 운용하고 있다.

언더독 재단은 알트루세어 증권의 수익금을 어느 지역에 어떻게 투자할 것인가에 대한 프로그램을 전담한다. '언더독'은 본디 싸움에서

진 개를 가리키는 말이지만, 생존경쟁의 낙오자 혹은 부조리한 사회의 희생자라는 뜻도 있다. 언더독 재단은 그저 돈만 쏟아 부어서는 해결되지 않는, 사회적 약자와 사회적 취약 지역의 삶의 질 개선에 노력을 집중하는 비영리 단체이다. 단, 이 재단은 객관적으로 도움이 필요해 보이는 사안이라도 지역사회와 해당 주체들이 절실하게 문제 해결에 나서지 않는 한 기금을 투자하지 않는 것을 원칙으로 한다. 언더독 재단은 또한 지역사회를 위해 중요한 활동을 하는 비영리 단체를 선정해 재정적으로나 기술적으로 지원을 해 준다. 그리고 분명한 목적과 지속 가능한 조직을 갖추고 있지만 활동 기금을 확보하지 못해 고전하는 지역사회나 비영리 단체가 그들을 지원해 줄 수 있는 영리 기업과 전략적 제휴 관계를 맺도록 도와주는 일도 한다.

알트루세어 증권의 자문위원회가 특정 지역에 대한 재투자 비율을 결정하면, 이들 공익 재단은 해당 지역 내 빈곤층 공교육을 지원하거나 직업 교육, 경제적 소득 증대 사업 등의 구체적인 비영리 활동을 지원한다. 알트루세어 증권은 자체 영업 활동 수익만으로 운영된다. 그리고 대주주인 두 공익 재단은 알트루세어 증권이 번 돈의 공익 재투자 문제만 관여할 뿐 증권 업무에는 일절 간섭하지 않는다. 서로 역할 분담을 하고 있는 것이다.

퍼내도 퍼내도 줄지 않는 '우물형 재단'

알트루세어 증권은 캘리포니아, 코네티컷, 매사추세츠, 뉴욕, 오하이오, 펜실베이니아 등 6개 주에서 사회적 투자의 수요를 분석한다. 이는 공익사업 투자의 판단 자료가 될 뿐 아니라, 사회적 책임 투자에 관심이 큰 투자자들을 고객으로 끌어들이는 투자 지침서로도 쓰인다. 그리고 고객들에게 최상의 증권 서비스를 제공하는 한편, 그들에게 어떤 부담도 주지 않으면서 수익을 소외 지역에 재투자한다. 또한 알트루셰어 증권의 그러한 활동은 월가(Wall Street)와 메인가(Main Street)의 새로운 협력을 상징한다. 세계 금융의 중심인 뉴욕 월가의 영리 추구와 필라델피아 서부의 상류층 주거 지역인 메인가의 자선이 결합된 새로운 형태인 까닭이다.

신자유주의로 대표되는 경제적 자유주의가 확산되면서 정부의 사회복지 기능은 축소되었고, 이것은 미국 내 자선과 기부 활동에도 적지 않은 변화를 몰고 왔다. 이런 사회적 변화로 인해 소득 불평등은 더욱 심화되고, 기존의 운영 방식으로는 늘어나는 빈곤층을 감당할 수 없게 되었다. 사실 거금을 출연해 공익 재단을 만들고 출연금의 운용 수익으로 재단을 꾸리는 기존의 방식으로 공익 활동에 대한 지원을 확대하기란 어렵다. 기존의 방식 하에서는 새로운 부문에 지원을 하려면 현재 지원하고 있는 부문의 지원 규모를 줄여야 한다. 이는 결국 아래쪽 벽돌을 빼서 위쪽 벽돌 괴기와 다를 바 없다. 이러한 한계에서 벗어나기 위해 공익 재단은 퍼내도 퍼내도 줄지 않는 이른바 '우물형 재단'으로 거듭났다. 이들은 발상을 전환해 공익 재단의 기금으로 영리 기업을 세우고, 그 수익을 공익사업에 쓰기로 하였다.

드래셔는 기존의 많은 연기금들이 저소득층을 위한 주택 개발 사업이나 빈곤층 거주 지역의 부동산 개발 등에 투자하던 방식을 거부한다. 지역사회의 문제는 단순히 부동산에 있는 게 아니라 사람에 있다는 판단에서이다. 그는 "값싼 주택을 제공하는 것으로는 저소득층을 변화시킬 수 없다. 그들이 절실하게 필요로 하는 것은 일자리와 교육받을 기회이다."라고 잘라 말한다. 알트루세어 증권이 뉴욕 재정 연구소(New York Institute of Finance)와 함께 대학생을 위한 멘토링과 일자리 제공 프로그램을 운영하는 것도 이러한 생각과 궤를 같이한다. 알트루세어 증권은 이 프로그램을 통해 멘토링에 참여하는 대학생들이 월가의 금융 회사에서 일자리를 갖도록 한다는 목표를 갖고 있다.

드래셔는 지난 몇 년간 비영리 단체와 영리 기업이 사업적으로 점점 더 밀접해지고 있는 현상을 연구해 왔다. 그 결과 대단히 많은 비영리 단체들이 상당한 정도로 영리 활동을 하고 있다는 사실을 발견했다. 또한 그는 20년 동안 월가에서 증권 거래 중개인으로 일하면서 자본 시장이 전 세계에서 신흥 시장의 덩치를 키우는 과정을 지켜보았다.

'미국의 자본이 세계에서 행했던 것처럼 미국 내 신흥 시장인 경제적으로 낙후된 지역사회를 위해서도 무언가를 할 수 있지 않을까?'

드래셔의 그러한 생각에서 알트루세어 증권이 시작되었고, 현재 그의 궁극적 목표는 '미국 내 신흥 시장'의 발전을 돕는 것이다.

사회적 빈틈을 메우는
정보기술

모바일 메트릭스, 위트니스, 키바, 마이크로플레이스

첨단 정보기술이 국제사회의 경제적 격차 해소에 과연 어떤 역할을 할 수 있을까. 첨단 정보기술이 국가 간에, 사람들 간에 정보의 격차를 확대하는 흉물이 아니라 사회적·경제적 불평등을 해소하는 변혁의 동력이 될 수는 없을까.

사회적 혁신가들이 이러한 의문을 놓칠 리 만무하다. 그들은 개인휴대단말기(PDA)로 국가가 돌보지 않는 사람들을 찾아내고, 캠코더로 인권 유린의 현장을 감시, 고발한다. 그리고 인터넷은 뭉칫돈만 광속으로 실어 나르는 게 아니라 돈이 필요한 가난한 사람과 보람된 일에 여유 자금을 굴리려는 사회적 투자자를 이어 주기도 한다.

'보이지 않는 사람'을 찾는다 _모바일 메트릭스

모바일 메트릭스(Mobile Metrix)의 설립자 멜라니 에드워즈(Melanie Edwards)는 PDA로 호적도 주민등록도 없는, 이른바 '보이지 않는 사람들(invisible people)'을 찾아내는 활동을 벌이고 있다.

그런데 대체 보이지 않는 사람들이란 뭘까. 아기가 태어나면 출생신고를 하고, 호적에 이름을 올리고, 주민등록번호를 발급 받는 게 보통이다. 그런데 호적에도 올라 있지 않고 주민등록번호도 없어서 국가의 관리를 받지 못하고 있는 사람이 지구촌에 10억 명이나 된다고 한다. 미국이나 유럽과 같은 선진국에서도 노숙자나 집시들은 인구 통계에 잡히지 않는다. 브라질의 경우 이처럼 보이지 않는 사람들이 전체 인구의 12퍼센트, 즉 1200만 명에 달한다.

에드워즈는 이들을 찾아 나선 이유를 이렇게 설명한다.

"사회의 그늘진 곳에 대한 관심은 비영리 단체뿐만 아니라 정부와 기업들도 가지고 있다. 하지만 이처럼 공적 관리의 밖에 존재하는 사람들은 도와주고 싶어도 그들에게 도움의 손길을 뻗을 방법이 없다. 그들에 대해 아는 바가 없기 때문이다. 가난하고, 못 배우고, 의료와 연금 따위의 복지 혜택도 받지 못하는 많은 사람들이 실재하지만 그들이 누구인지, 얼마나 되는지, 어디서 어떻게 살고 있는지를 모르는한 그들을 사회의 일원으로 끌어들이기란 불가능하다. 보이지 않는 사람들은 보통사람들이 누릴 수 있는 기본적인 사회 혜택조차 받을 수 없는 사람들이다."

모바일 메트릭스는 보이지 않는 사람들을 찾기 위해 브라질 현지의 젊은이들을 고용해 모바일 에이전트로 훈련시키기 시작했다. 이들에게 조사 방법을 가르치고, PDA 사용법에 대해서도 알려 주었다. 이들은 현지에서 주민들 속으로 들어가 출생신고조차 되어 있지 않은 보이지 않는 사람들에 대한 정보를 수집한다. 즉 그들이 얼마나 벌고 위생과 건강 상태는 어떠한지, 어떤 집에서 살고 자녀는 몇이나 되는지 따위를 조사하는 것이다. 이를 통해 그동안 인구 통계에도 잡히지 않았던 사람들의 삶이 수면 위로 올라오고, 들리지 않았던 그들의 목소리가 비로소 사회에 전해졌다.

이 일은 모바일 에이전트들에게도 새로운 경험이었다. 마약을 팔거나 빈둥거리던 그들이 함께 살고는 있지만 보이지 않았던 사람들에게 관심을 기울이게 된 것이다. 브라질의 시민단체들은 모바일 에이전트들에게 이렇게 말한다. "너희는 너희가 직접 찾아간 집에서 만나게 될 모든 사람들의 대변자가 될 것이다. 그들이 누구인지, 무엇을 필요로 하고 있는지에 대한 너희의 조사에 사람들은 눈과 귀를 기울이게 될 것이기 때문이다."

모바일 메트릭스가 보이지 않는 사람들을 찾아내기 위해 브라질 현지의 젊은이들을 고용하는 것은 또 다른 사회적 영향을 고려한 일종의 전략이다. 보이지 않는 사람들을 찾아내는 것으로 젊은 실업자들에게 일자리를 주는 동시에 조사 기법과 정보기술도 가르치는 것이다. 이런 일석이조의 아이디어가 바로 모바일 메트릭스의 비즈니스 모델이다.

모바일 메트릭스는 브라질의 젊은이들에게 브라질 법정 최저임금의 두 배를 보수로 받는 모바일 에이전트라는 새로운 일자리를 제공한다. 브라질에서는 마약 거래가 주요한 생계 수단인 만큼 이들이 새로운 일자리를 찾았을 때 마약 거래에 미치는 영향도 주목된다. 마약 거래를 근절한다는 목표 외에도 첨단 기술과 지역사회의 미래가 연관되어 있다는 사실을 깨닫게 해 준다. 나아가 모바일 메트릭스는 궁극적으로 지역사회가 스스로 성장할 수 있는 커다란 잠재력이 있다는 사실을 발견하게 해 준다.

또한 모바일 에이전트들이 찾아낸 데이터는 보이지 않는 사람들을 위한 일에 쓰일 수 있도록 브라질 정부에 유료로 제공된다. 정부는 이 자료를 통해 보이지 않던 사람들을 보게 되고, 그들이 사회복지 혜택을 받을 수 있도록 해 주거나 그들만을 위한 새로운 복지 서비스를 개발하게 된다.

에드워즈는 모바일 메트릭스라는 사회적 기업을 운영하기에 앞서 민간 기업과 공공 부문에서 다양한 경험을 쌓았다. 그는 워싱턴 대학에서 심리학을 전공하고 서아프리카 통고로 건너가 2년간 평화봉사단원으로 일했다. 귀국 후에는 터프츠 대학에서 국제관계학으로 석사 과정을 마친 뒤 JP모건 투자 은행에서 근무했다. 투자 은행에서 그는 프로로서의 전문성을 익혔고, 그런 경험은 그가 사회적 기업가로 성장하는 데 큰 도움을 주었다. 그곳에서 그는 세상을 바꾸고 사람들에게 보다 광범한 영향을 미치기 위해서는 기업가적인 식견과 경영 기법을 적극적으로 활용할 필요가 있음을 깨달았다고 한다.

에드워즈는 전통적인 비영리 단체가 아니라 사회적 기업가의 길을 선택한 이유에 대해 이렇게 설명한다.

"첨단 정보기술 분야에서의 경험을 바탕으로 글로벌 기술단(Global Technology Corps)을 조직했다. 이 단체는 일종의 디지털 평화봉사단이다. 코소보 위기 때 미국 부통령이던 앨 고어가 난민촌에 인터넷을 연결해 달라는 부탁을 했는데, 그 일을 하면서 위기 상황에서 인터넷과 첨단 정보통신 기술이 어떤 힘을 발휘하는지 생생하게 경험했다. 내가 해야 되는 게 바로 이 일이구나 싶었다. 더욱이 정보기술 분야는 개발도상국에서 사회적 기업이 훨씬 강력한 힘을 발휘할 수 있는 부문이라고 믿었다."

'보아라, 찍어라, 바꿔라'_위트니스

모바일 메트릭스가 PDA를 사회적 변혁의 무기로 삼는다면, 국제 인권단체인 위트니스(WITNESS)는 캠코더를 앞세운다.

위트니스의 캐치플레이스는 '보아라, 찍어라, 바꿔라(See it, Film it, Change it)'이다. 1992년 설립된 국제 인권단체인 위트니스는 비디오 기술의 힘을 빌려 지구촌 곳곳에서 벌어지는 온갖 인권 유린의 현장을 생생하게 고발한다. 이들은 최초로 캠코더와 인터넷 동영상을 강력한 인권 감시 수단으로 활용한 유일한 단체이기도 하다.

위트니스는 세계 곳곳에서 은밀하게 자행되는 인권 유린의 현장을 고발하고, 가슴 아픈 사연들을 파헤치며, 위트니스가 아니었으면 들을 수 없는 인권 사각지대의 육성을 들려준다. 또한 세계 60개 나라에서 크고 작은 인권단체들과 네트워크도 구축하고 있다.

위트니스는 1992년에 가수 피터 가브리엘(Peter Gabriel)과 리복(Reebok) 인권 재단의 '인권을 위한 법률가위원회(LCHR)' 산하 프로젝트의 하나로 설립되었다. 그러다 1998년에 영화 제작자이자 변호사인 질리언 콜드웰(Gillain Caldwell)이 운영을 책임지면서 국제 인권 감시에 있어 가장 역동적인 단체로 주목 받았고, 2001년에 독립적인 인권단체로 거듭났다. 이는 영상이 갖는 고발 효과를 누구보다 잘 알고 있던 콜드웰이 디지털 캠코더를 인권 감시의 도구로 적극 활용한 결과였다. 게다가 인터넷의 빠른 확산으로 현장에서 찍은 인권 유린의 동영상을 실시간으로 전 세계에 퍼뜨릴 수 있다는 점도 중요한 요인이었다. 특히 권위주의적이고 비민주적인 개발도상국에서는 캠코더는 단순한 영상 기기 이상의 의미를 지녔다.

콜드웰은 자신이 처음 인권 문제에 관심을 갖게 된 것은 열두 살 때였고, 그러한 관심이 그를 영화계로 이끌었다고 한다. 그는 2005년에 아프리카 시에라리온의 '진실과 화해 위원회(TCR)' 초청으로 할리우드의 인기 배우 안젤리나 졸리와 함께 독재자 카바에 대한 재판을 지켜보기도 했다. 콜드웰이 영화를 하다 말고 로스쿨에서 법학을 공부한 것도 인권 문제 해결에 보다 본격적으로 나서기 위한 과정이었다. 그는 정치적 차원에서 인권 문제 시스템에 대한 근본적인 변혁을 모색하고 있다며, 변호사 신분은 자신의 사회적 신뢰와 인지도를 높이기 위한 자격증이라고 설명했다.

인권 보호의 최대 난제는 인권 문제가 심각한 나라일수록 시민단체들의 규모가 작고, 인적·물적 자원이 넉넉지 못해 눈으로 목격한 인권 유린의 실태를 제대로 폭로하고 이슈화하지 못한다는 점이다. 그런데다가 대규모 인권단체들은 대부분 미국이나 유럽에 몰려 있어 지구촌 인권 유린의 현장을 잘 알지 못할 뿐 아니라, 지리적 문제 때문에 신속하게 대응하지도 못한다. 이런 상황에서 개발도상국의 영세 시민단체에 디지털 캠코더를 나누어 주고, 인터넷 통신 기술을 활용함으로써 이러한 인권 문제 해결에 앞장서는 위트니스의 활동은 눈에 띌 수밖에 없는 것이다.

위트니스가 현장에서 포착한 동영상 자료는 다양한 용도로 쓰인다. 현지 시민들을 대상으로 한 인권 의식 교육용으로도 쓰이고, 법정에 증거 자료로 제출되기도 하며, 언론의 영상 고발 자료로도 활용된다. 아울러 유엔 인권위원회가 각국의 인권 현황 보고서를 작성하는 데도 귀중한 자료가 되며, 정책 담당자들의 의사 결정에도 영향을 미칠 수 있다. 특히 최근 유튜브와 같은 사용자 제작 콘텐츠(UCC)의 확산으로 인한 인터넷 환경의 변화는 캠코더를 이용한 위트니스의 인권 감시 활동에 날개를 달아 주고 있다.

온라인 무담보 소액 대출 _ 키바와 마이크로플레이스

인터넷과 사이버 스페이스(가상현실)가 처음으로 사람들의 입에 오르내릴 무렵, 많은 이들이 현실과 다른 새로운 세상이 열릴 것이라고 예측했다. 하지만 가상의 세계는 현실을 복사할 뿐이었다. 일반 은행의 사이버 뱅크가 그 대표적인 예라 할 수 있다. 사이버 뱅크는 은행의 업무를 인터넷으로 옮겨 놓기만 했다. 때문에 현실의 은행 문턱을 넘지 못하는 사람들은 사이버 뱅크에도 접근할 수 없었다.

하지만 현실이 바뀌면 가상의 세계도 변화한다. 방글라데시의 그라민 은행처럼 일반 은행들이 돌보지 않는 가난한 사람들에게 필요한 돈을 빌려 주는 은행이 번창하고, 수익은 떨어지더라도 세상을 이롭게 하는 일에 여윳돈을 활용하려는 사회적 투자자들이 생겨나면서 그같은 현실이 가상의 세계에서도 일어나고 있다.

키바(KIVA, kiva.org)는 온라인 상에서 가난한 사람들에게 담보 없이 창업을 위한 종자돈을 대출해 주는 마이크로 크레디트 사업을 하는 사회적 기업이다. 키바는 다른 투자 은행이나 투자 증권과 달리 돈을 쌓아 놓고 빌려 주는 방식이 아니라, 돈이 필요한 사람과 사회적 투자 차원에서 그들에게 돈을 빌려 주려는 사람들을 인터넷에서 직접 이어 준다. 이는 사이버 장터가 사려는 사람과 팔려는 사람이 서로 흥정하고 거래할 수 있게 해 주는 것과 같은 이치이다. 거래 방식은 사회적 투자자가 키바에 접속해서 낯모르는 대출 희망자의 창업 아이디어와 열정을 믿고 자신의 신용카드로 결제해 소액을 신용 대출해 주는 것이다. 예컨대 아프리카의 한 여성이 재봉틀로 옷을 만들어 팔기 위해 500달러를 필요로 한다고 치자. 그러면 누군가 한 사람의 투자자가 나서서 500달러를 빌려 줄 수도 있고, 다섯 사람의 투자자가 100달러씩 모아 융자해 줄 수도 있다.

말이 좋아 사회적 투자이지 큰돈이 아닌 까닭에 돌려받을 가능성이 제로일 것 같지만, 실상은 그렇지 않다. 그라민 은행의 높은 상환율이 여기서도 나타났다. 키바에서는 인터넷을 통해 낯모르는 사람에게서 돈을 빌린 1000명 가운데 997명이 원금을 갚고 있다.

2005년에 처음 만들어진 키바는 인터넷의 특성을 최대한 활용해 지구촌 전체를 대상으로 사회적 투자자와 돈을 빌리려는 사람들을 이어 준다. 2007년 현재 13만 명의 투자자들이 아프리카와 남아메리카, 동남아시아 등 40여 개 나라에 사는 1800명의 소액 창업 희망자에게 1300만 달러를 대출해 주었다. 이렇게 키바를 통해 돈을 빌려 준 사람들은 '버린 셈 쳤던' 사회적 투자를 통해 '횡재'를 경험한다. 키바 사이트를 통해 자신이 빌려 준 100~1000달러 내외의 작은 돈이 누군가의 삶을 변화시키고 있다는 기쁨과 함께, 그 돈이 꼬박꼬박 상환되고 있다는 사실을 확인하면서 사람에 대한 신뢰와 희망을 쌓아 간다. 키바는 빌린 사람이나 빌려 준 사람이나 서로가 희망을 확인하는 사이버 은행이 되었다.

키바의 아이디어는 그라민 은행에서 나왔다. 키바의 창업자인 제시카 플래너리(Jessica Flannery)는 스탠퍼드 대학 경영대학원 학생 시절에 무하마드 유누스의 강의를 들으며 마이크로 크레디트의 세계를 처음 접했다. 이후 그는 컴퓨터 전문가인 남편 매트를 끌어들여 그라민 방식에 자신만의 독창성을 더한 키바 방식을 만들어 냈다. 제시카는 먼저 아프리카의 가난한 사람들을 돕고자 했다. 단합을 뜻하는 스와힐리어 '키바'를 사이트 이름으로 지은 것도 이 때문이다. 처음으로 돈이 대출된 곳도 우간다였다. 7명에게 대출된 2150달러는 6개월 만에 모두 상환되었다. 국경이 없는 인터넷을 통해 키바는 순식간에 지구촌에 알려졌다. 이제는 아내보다 더 키바 일에 열성인 매트는 이렇게 말하곤 한다.

"키바는 미국에 사는 한 아빠가 아프리카의 한 엄마를, 프랑스에서 의류 사업을 하는 사장이 베트남에서 옷 파는 상인을 도울 수 있게 한다."

키바는 돈을 다루지만 궁극적으로는 사람을 연결하는 커뮤니케이션의 도구이기를 바란다. 키바는 사이트에 대출 희망자의 사업 구상과 사연을 공개해 투자자들이 꼼꼼히 살펴보고 투자 가치를 결정할 수 있도록 한다. 이것은 가슴 뭉클한 사연을 통해 자선 행위를 유도하려는 것이 아니라, 가난한 이들의 적극적인 삶의 의지와 그들의 변화된 모습을 보여 줌으로써 투자자와 대출 받은 사람 모두의 정신적 수익을 극대화하려는 것이다. 키바는 이러한 정신적·사회적 투자가 이루어지는 소액 사회적 벤처 캐피털의 사이버 거래소인 셈이다.

키바가 비영리(.org) 단체라면 마이크로플레이스(MicroPlace, micro-place.com)는 영리(.com)를 추구하는 온라인 소액 대출 사이트이다. 키바는 이자 없이 원금만 상환하도록 하는 반면, 마이크로플레이스는 일종의 펀드로 투자자에게 2～4년 만기 때 원금과 함께 1.5～3퍼센트의 이자 수익을 얹어서 돌려준다. 미국의 2～4년 만기 펀드의 평균 수익률이 3.8퍼센트인 것에 비하면 낮은 수준이기는 하지만, 사회적 투자인 만큼 가난한 사람들의 자활을 돕는다는 명목이 따른다.

마이크로플레이스가 주목 받는 이유는 세계 최대 온라인 상거래 회사인 이베이(eBay)가 2007년 10월에 개설한 새로운 마이크로 크레디트 사업이라는 점이다. 마이크로플레이스는 캄보디아와 에콰도르, 가나, 타지키스탄 등의 나라에서 진행 중인 10여 개 사업에 필요한 돈을 펀드 형식으로 유치하여 이를 담보 없이 대출해 준다. 개인 투자자들은 '페이팔' 등 이베이에서 사용되는 결제 수단을 이용해 최소 100달러부터 투자할 수 있으며, 1년에 네 번 사업의 진척 현황에 대한 설명을 듣고 배당을 받는다. 요컨대 온라인을 이용한 키바 방식과 캘버트 재단의 CCI 증권 방식이 결합된 새로운 마이크로 크레디트 점포가 이베이라는 거대한 장터에서 문을 연 것이다. 캘버트 재단은 마이크로플레이스의 가장 큰 투자자이기도 하다.

마이크로플레이스는 트레이시 페텐길 터너(Tracey Pettengill Turner)가 주도하고 있는데, 그는 키바의 제시카 플래너리와 스탠퍼드 대학 동문이자 무하마드 유누스의 제자이다. 더욱이 그라민 은행에서 직접 일한 바 있는 마이크로 크레디트 분야의 전문가이다. 터너는 부자들의 기부만으로는 소액 대출의 세계적 수요를 충족할 수 없어서 펀드 방식을 채택했다며, "마이크로플레이스의 사회적 펀드가 투자하는 개발도상국의 비영리 단체들은 빌린 돈을 매우 잘 갚고 있다. 가난한 사람들도 부자들이 던져 주는 기부보다는 대출을 선호한다. 대출은 자선이나 기부와 달리 그들을 수혜의 대상에서 사업의 동반자라는 동등한 관계로 만들어 주기 때문이다."라고 이야기한다.

1973년 미국의 액시온(ACCION)이 씨를 뿌리고, 1983년 방글라데시의 그라민 은행이 가난한 이들의 은행이란 수확을 일구어 낸 마이크로 크레디트는 2007년 현재 온라인 상에서 키바와 마이크로플레이스라는 사이버 사회적 기업으로 진화하고 있다.

3장

세상의 난제에 도전하는 사회적 벤처

사회적 기업가는
누구인가

세계화가 본격화된 1980년대 이래 국가, 시장, 시민사회의 섹터 간 경계는 허물어지고, 각자의 고유한 기능들이 축소 또는 확대되거나 새롭게 할당 또는 수렴되는 현상이 뚜렷해졌다. 시장경제가 확산됨에 따라 정부의 공적 기능은 위축되고 시장과 시민사회의 기능은 확대되는 이른바 '거대 전환의 사회 변동'이 일어난 것이다.

신자유주의는 초국적 기업들이 더 넓은 시장을 확보할 수 있도록 '사회적 정의'를 밀어내고 무한 경쟁을 강요했다. 그들은 복잡하고 다원화된 사회를 더 이상 정부가 관리할 수 없게 되었다며, 경제를 살리고 복지도 늘리려면 시장의 '보이지 않는 손'에 맡기는 게 순리라고 주장했다. 각국 정부는 거대 기업의 환심을 사기 위해 규제 개혁과 혁신이라는 이름으로 환경과 노동, 금융, 복지에 대한 공적 기능과 권한을 앞 다투어 포기했다.

좌파의 공세도 만만치 않았다. 좌파는 주로 국가의 복지 기능 재편을 역설했다. 특히 1960년대 미국과 유럽에서 전개된 신좌파 운동은 인간 소외의 관점에서 사회주의와 자본주의를 싸잡아 개인을 억압하는 관료제로 보고, 그 쇠창살의 해체를 주장했다. 복지란 이름으로 개인의 삶에 시시콜콜 개입하는 복지국가에 대해서도 '유모 국가(Nanny State)'라고 비난했다. 요컨대 국가 주도의 획일적인 복지 서비스로는 다원화된 사회의 욕구를 충족시킬 수 없으니 효율적이고 유연하게 복지 배달 시스템을 혁신해야 한다는 것이었다. 미국의 빌 클린턴 정부 초기의 '신좌파' 노선이나 영국의 신노동당 정부의 '제3의 길'이 걷고자 했던 것이 바로 그런 길이었다.

신자유주의가 시장 만능주의의 '작은 정부'를 내세워 국가의 해체를 주장한 반면, 좌파는 정부의 효율성을 높이기 위해 '복지의 재설계'가 필요하다고 주장했다. 하지만 둘 다 정부의 전통적인 공적 기능을 축소하고 시장을 팽창시키며 시민단체를 확장하는 결과를 낳았다는 점에서는 공통점을 갖는다. 시장이 급격히 팽창하고 국가의 기능이 위축되면서 사회적으로나 경제적으로 양극화가 촉진된 것은 물론이고, 환경과 빈곤, 범죄, 의료, 교육 분야에서 사회적 빈틈이 확대되었던 것이다. 결국 사회적 약자들을 누가 어떻게 효과적으로 포용할 것인지가 사회 변동의 핵심 쟁점이 되었다.

그러한 가운데 사회적 빈틈을 비집고 새롭게 부상한 것이 사회적 기업이다. 1980년대 이래 시민사회는 이전과는 비교할 수 없을 정도로 팽창했다. 그리고 1990년대에 이르러 시민사회는 분기점에 서게 된다. 시민사회는 세계화되는 동시에 내부적으로 양극화가 본격화되었다. 기존의 조직들이 정부의 감시자 역할을 하거나 정부의 지원 하에 사회적 서비스를 제공하는 제3섹터의 원형질을 그대로 유지한 반면,

이후 새롭게 생겨난 조직들은 제3섹터의 경계를 벗어난 사회적 기업의 특성을 지니게 된 것이다.

사회적 빈틈을 메우는 '사회적 기업'

'사회적 기업(social enterprise)'을 일러 경영학의 대가 피터 드러커(Peter F. Drucker)는 '미국의 선도적인 성장 산업'이라 전망했고, 하버드 대학 케네디 스쿨의 데이비드 거겐(David Gergen) 교수는 '개혁의 새로운 엔진'이라 평가했다.

선진국에서든 개발도상국에서든 사회적 기업은 가장 주목 받는 사회적 혁신 운동으로 확산되고 있다. 우선 우수한 인재들이 사회적 유익에 관심을 돌렸고, 이들에 대한 사회적 투자가 밀려들기 시작했다. 우리나라와 유럽에서는 관련 법률이 제정되기도 했다. 선진국에서는 사회적 기업이 사회, 교육, 보건 등의 기초적인 사회적 서비스가 빈곤층과 낙후된 지역 구석구석에 전달될 수 있도록 하는 새로운 복지 전달 체계를 구축하기 위한 중심축으로 떠올랐다. 또한 사회적 기업은 빈곤과 실업에 대해 혁신적인 해법을 제시하고 사회적 약자를 끌어안음으로써 사회적 자본(social capital)을 확충하는 사회 통합의 대안으로 주목 받고 있기도 하다.

사회적 기업은 나라와 지역마다 그 모양새가 다르다. 협동조합이나 공제조합의 형태를 띠기도 하고, 영락없는 영리 기업으로 활동하기도 하며, 무료로 사회적 서비스를 제공하는 비영리 시민단체의 틀을 고수하기도 한다. 사회적 기업 각자의 입장에 따라서도 다른 그림을 그려 낸다. 사회적 활동가나 학자, 정책 담당자 들의 시각 또한 같지 않다. 요컨대 사회적 기업은 하나의 운동(활동)이지만 똑 부러지게 정의하기 힘들다는 얘기이다.

하지만 '사회적 소명과 기업의 영리 활동을 접목한 다양하고 자발적인 시민 활동'이라는 하나의 거대한 지붕 아래서 저마다의 기업가 정신을 가지고 사회적 혁신을 위해 '경쟁' 한다는 점에서 사회적 기업은 동일하다. 자칫 뚜렷한 공통점이 없어 보여 혼돈스럽기도 하지만, 한마디로 정의할 수 없는 다양성이야말로 사회적 기업의 강점이라 할 수 있다. 벤처 기업들이 시장에서 새로운 돈벌이의 기회를 만들어 나가듯, 사회적 기업은 보다 나은 사회를 위한 혁신을 실험하는 사회적 벤처(social venture)인 까닭이다.

경제협력개발기구(OECD)는 사회적 기업을 "기업적 전략에 따라 조직을 운영하되 공익을 추구하고, 이윤을 극대화하는 것이 아니라 특정 경제적·사회적 목적을 이루고자 하며, 사회적 소외와 실업 문제에 대해 혁신적인 해결책을 제시할 수 있는 모든 민간 활동"(1999년 사회적 기업 보고서)이라고 규정했다. 유럽연합 15개국 연구자들로 구성된 사회적 기업 연구 기관인 EMES는 '공공성의 재구성'이란 관점에 주목했다. 정부가 독점해 온 공공성이 민간 영역으로 확산되고 다원화됨에 따라 사회적 기업의 역할이 커지고 있기 때문이다. EMES는 사회적 기업을 "자율적 의사 결정과 지배 구조를 갖추고, 공동체의 이익을 위한다는 분명한 목표가 있으며, 사업의 리스크를 동반하는 조직"으로 정의했다.

이에 비해 정책적으로 정의되는 사회적 기업의 울타리는 훨씬 협소하다. 2001년 영국 통상산업부 산하에 신설된 '사회적 기업과(課)'는 사회적 기업을 "사회적 목적을 우선으로 하는 사업체로서 기업의 잉여금을 주주와 소유자의 이윤 극대화를 위해 쓰기보다 사업 자체와 지역사회를 위해 재투자하는 기업"이라고 밝혔다. 이를 바탕으로 영국 정부는 2005년 지역이익기업법(CIC)을 제정해 사회적 기업의 활동을 낙후된 지역사회 살리기 쪽으로 유도하고 있다.

한국 정부의 정의는 더욱더 제한적이다. 2007년 7월 1일 시행된 사회적기업육성법은 "취약 계층에게 사회적 서비스 또는 일자리를 제공하여 지역 주민의 삶의 질을 높이는 등 사회적 목적을 추구하면서 재화 및 서비스를 생산, 판매하는 등의 영업 활동을 수행하는 기업"으로 규정하고, 노동부 장관의 인증을 받은 경우로 국한했다. 이는 일자리 확대와 공익적 영리 활동에 역점을 둔 정의이다.

일찍부터 '사회적 경제' 개념을 발전시켜 정부와 시민사회 사이에 끈끈한 사회 연대를 구축해 온 프랑스는 사회적 기업을 공익협동조합의 틀로 아우른다. 이탈리아가 1991년에 사회적 기업 육성을 위해 제정한 사회적협동조합법도 국가 주도적인 조합형 복지 모델이란 점에서 프랑스와 유사하다. 사회복지를 처음으로 제도화한 독일의 경우에는 국가의 복지 서비스를 민간에 외주화하는 다원주의적 틀 속에 사회적 기업이 자리하고 있다. 반면 일찍부터 시민사회의 전통이 뿌리내린 미국은 비영리 단체(NPO)의 자기 혁신이란 측면에서 사회적 기업에 접근하는 경향이 강하다. 다시 말해 미국은 비영리 단체들이 스스로 영리 기업의 경영 기법을 도입하고, 수익 구조를 창출해 운영 자금을 조달하는 등 새로운 흐름을 만들어 가고 있는 것이다. 따라서 미국의 경우 정부는 한발 뒤로 물러나 있다.

이들 모든 나라가 사회적 기업을 '기업가적 전략과 방식으로 공익을 추구하는 조직'으로 본다는 점에서는 이견이 없다. 하지만 나라마다 사회적 현안이 다르고, 기존 섹터들의 역할과 기능에도 차이가 있기 때문에 입장과 강조점은 조금씩 다르다. 사회민주주의와 복지국가의 전통이 강한 유럽은 정부 기능을 효율화하기 위해 사회적 서비스를 민간에 외주화하는 과정에서 사회적 기업을 육성하려는 경향이 강하다. 따라서 유럽의 사회적 기업은 제1섹터인 정부와의 관계가 중요하다. 반면 자유주의적 전통을 가진 미국의 사회적 기업은 제2섹터인 시장(기업)과의 관련성이 강조된다. 미국의 경우 사회적 기업의 시장화에 대한 우려가 제기되기도 하지만, 기업가적 혁신성과 자발성, 사회적 벤처의 생태계란 측면에서는 유럽보다 건강하다는 분석도 있다.

어떤 관점에서 사회적 기업을 바라볼 것인가에 따라서도 미묘한 차이가 있다. 요컨대 '사회적'이란 쪽에서 '기업'을 바라볼 것인가, 아니면 그 반대로 볼 것인가의 문제이다. 상업적 수익 활동을 통해 외부의 지원 없이 자립하는 것에 초점을 둔, 다시 말해 기업의 운영 방식에 치우친 비영리 조직은 사회적 기업으로 보기 힘들다. 그렇다고 사회적 문제 해결에만 초점을 둔 비영리 조직은 사회적 기업이라 보기도, 전통적인 시민단체라 보기도 어렵다.

이에 대해 8000여 회원을 둔 영국의 사회적 기업 연합(SEC)은 사회적 기업을 형태가 아니라 사업 내용을 기준으로 평가해야 한다고 주장한다. 비영리냐 영리냐의 외형과 재정 자립도라는 틀에 사회적 기업을 가두는 것은 사회적 혁신을 구속한다는 이유에서이다. 사회적 기업의 가장 큰 강점은 정부나 기업, 기존의 시민단체에서는 기대할 수 없는 혁신성이다. 예컨대 같은 사회적 서비스라도 사회적 기업이 맡아 하면 정부보다 효율적이고, 민간 기업보다 공익적이며, 시민단체보다 유연하게 서비스의 질을 개선할 수 있다. 사회적 기업가가 기업가적인 자유로운 발상과 투철한 사회적 소명을 가지고 사회의 빈틈이 무엇인지, 그 빈틈을 메우기 위해 어떻게 해야 하는지를 현장에서 고민하고, 직접 그곳에 뛰어들어 해결 방법을 찾는 까닭이다.

돈 되는 곳에 기업이 있듯, 사회적 빈틈이 있는 곳에 사회적 기업이 있다. 그리고 사회적 기업의 형태는 사회적 현안을 가장 근본적이고 효과적으로 해결할 수 있는 최적의 방식으로 다양하게 나타난다.

새로운 균형을 찾는 '사회적 기업가'

'사회적 기업가(social entrepreneur)'는 아쇼카의 빌 드레이튼 회장이 1970년대에 창안한 개념이다. 그는 경제학자 조지프 슘페터(Joseph A. Schumpeter)가 자본주의의 특성을 '창조적 파괴'로 규정하면서 그 중심적 존재로 꼽았던 기업가 혹은 기업가 정신을 영리 기업에만 국한시킬 것이 아니라 사회적 혁신에도 적용하자는 생각을 했다. 그는 기업가 정신으로 사회의 난제에 대해 창조적 파괴를 시도하자는 뜻에서 '사회적'과 '기업가'를 합성한 것이다.

드레이튼에 따르면, 사회적 기업가는 사회의 가장 골치 아픈 문제들에 대해 혁신적인 해결책을 지닌 개인들이다. 또한 그들은 사회의 빈틈을 메우는 문제를 정부나 기업에 떠넘기기보다 무엇이 잘못되었는지를 찾아내 직접 해결함으로써 취약한 제도를 바꾸고, 해법을 확산시키며, 사회 전체가 새로운 도약을 하도록 설득하는 사회적 혁신가들이다. 드레이튼은 사회적 기업가에 대해 이런 말을 하기도 했다. "사회적 기업가는 생선을 주는 것은 물론이고, 고기 잡는 법을 가르쳐주는 것으로도 만족하지 않는다. 그들은 고기잡이 산업을 혁명적으로 바꿀 때까지 결코 멈추지 않을 것이다."

빌 클린턴 전 미국 대통령은 드레이튼의 그런 열정적이고 혁신적인 소명 의식에 감명 받아 그가 생전에 노벨평화상을 받는 것을 꼭 보고 싶다고 공개적으로 밝히기도 했다. 드레이튼은 아무리 거대한 변혁을 꿈꾸고 있더라도 목소리만 큰 사람은 신뢰하지 않는다. 그는 목소리가 작고 말이 어눌하더라도 거대한 변화를 위해 조용히 행동하는 것을 사회적 기업가의 미덕으로 꼽는다.

기업가의 정신으로 사회적 난제를 해결하는 사회적 기업의 활동으로 웃음을 찾은 캄보디아의 아이들

드레이튼은 "사회적 변혁은 결코 낭만이 아니다. 창조적이고 이타적인 사람들은 많지만, 그들 모두가 거대한 틀을 변화시키는 것은 아니다."라고 말한다. 그가 '사회적 기업가'에 대해서는 이렇게 말보따리를 풀어내면서도 '사회적 기업'에 대해서는 별도의 정의를 내리지 않는 것도 이와 무관하지 않다. 그는 사회적 기업을 사회적 기업가가 혁신적 해결을 위해 만든 조직이라고 생각한다. 드레이튼의 관점에서 보자면, 사회적 기업을 운영하는 사람이 사회적 기업가가 아니라 사회적 기업가가 운영하는 조직이 사회적 기업이다.

캐나다 토론토 대학의 로저 마틴(Roger L. Martin) 교수는 균형(equilibrium) 이론으로 사회적 기업가를 설명한다. 여기서 말하는 균형은 저울이 평형을 유지하는 것과 같이 산술적이고 기계적인 균형(balance)이 아니라, 진자가 정지되어 있을 때처럼 외부의 힘이 가해지지 않는 한 움직이지 않는 상태를 가리킨다. 마틴은 사회적 기업가를 일러 불편하지만 견고한 기존의 사회적 균형을 깨뜨리고, 보다 공정한 새로운 균형을 만들어 내는 인물이라고 규정한다. 2006년 노벨평화상을 받은 그라민 은행의 무하마드 유누스 총재가 그 대표적 사례이다. 유누스는 가난한 사람들은 시중 은행을 이용하기도 어려운 방글라데시의 현실을 나쁜 균형이라고 파악하고, 가난한 사람들에게 금융 서비스를 제공하는 새로운 균형을 찾아냈다.

마틴은 이와 같은 사례를 기준으로 정부의 재정 지원을 받아 단순히 복지 기능을 대신하는 공공 서비스 하청 단체(PSC)나 사회 운동가는 사회적 기업가의 범주에 넣을 수 없다고 단언한다. 그들은 기존의 균형을 깨긴 했지만 새로운 균형은 만들어 내지 못했기 때문이다. 울타리를 너무 좁게 둘러친 것이 아니냐는 의문이 들기도 하지만, 마틴은 드레이튼이 말한 사회적 기업가의 핵심을 제대로 짚고 있다.

사회적 기업에 대한 보편적인 정의가 아직 없듯, 사회적 기업가에 대한 규정도 논자마다 다르다. 본격적인 논의는 이제부터가 시작인 셈이다. 한마디로 규정하기는 힘들지만, 사회적 기업가는 다음과 같은 네 가지 특성을 갖는다고 볼 수 있다.

첫째, '사회적 빈틈'을 참지 못한다. 우리는 각종 언론 매체를 통해 이 세상의 많은 사람들이 고통 받고 있는 현실을 하루도 빠지지 않고 본다. 그러나 그러한 사회적 문제를 해결할 방법에 대해서는 그다지 고민하지 않는다. 예컨대 계층 간 소득 불균형이 심해지면서 고리채 이자를 갚지 못해 스스로 목숨을 끊은 이의 가슴 아픈 사연을 접했을 때 사람들은 '가난 구제는 나라도 못 한다.'는 옛말을 되뇌거나 '정부는 도대체 뭘 하고 있느냐.'며 답답해할 뿐이다. 더러는 비분강개해서 불합리한 구조를 학문적으로 파헤치겠다고 나서거나 세상을 바꾸기 위해 사회 운동에 뛰어들기도 한다. 하지만 대부분의 사람들은 뒤돌아서면 잊어버리는 게 현실이다.

그러나 사회적 기업가는 이와는 다른 반응을 보인다. 그들은 사회적 문제에 대해 현실적으로 접근하고 구체적인 해법을 찾아 실천에 옮긴다. 데이비드 위시는 기타를 들었고, 얼 마틴 팰런은 공부방을 열었다. 그들은 공교육 정상화라는 큰 틀에서 구체적이고 미시적인 실천을 통해 해결의 실마리를 찾은 것이다. 제3섹터가 제1, 2섹터의 사각지대에서 그 활동 영역을 넓혀 왔듯 사회적 기업가들은 정부, 기업, 시민단체가 어쩌지 못하는 세상의 빈틈에서 사회적 혁신의 가능성을 찾아내고, 사회적 블루오션을 개척한다.

둘째, 낯익은 문제에 참신한 해법을 제시한다. 혁신적 기업가의 화신으로 손꼽히는 스티브 잡스는 자신이 창업했던 애플에서 쫓겨났다 복귀하면서 '다르게 생각하라(Think Different).'를 모토로 내세웠다. 생각의 틀을 바꾸자는 것이었다. 그리고 곧 아이팟이라는 대박을 터뜨렸다. 사회적 기업가들은 빈곤, 질병, 교육, 장애인, 노숙자, 환경 등 익숙한 사회적 문제를 다룬다는 점만 다를 뿐이지 새로운 접근 방식, 새로운 모델, 새로운 아이디어로 차이를 만들고, 그것을 보다 광범하게 확산시킨다는 점에서 잡스와 다를 바 없다.

사라 호로위츠는 조직에 얽매이기는 싫지만 보호는 받고 싶어 하는 프리랜서들을 위해 새로운 노동조합을 대안으로 제시했다. 그리고 그들이 가장 필요로 하는 의료보험 문제를 단체 계약을 통해 해결해 줌으로써 흩어져 있는 프리랜서들이 한목소리를 낼 수 있는 터를 닦았다. 헝가리의 에르지벳 세케레시는 장애인이라고 해서 디스코 장에 가지 못할 이유가 뭐가 있느냐는 생각에서 장애인과 비장애인을 차별하지 않는 초모르 공동체를 세웠다. 그는 장애인과 노숙자를 시설에서 보호해야 한다는 고정관념을 간단히 깨뜨리고, 그들이 홀로 설 수 있도록 다른 방법으로도 얼마든지 도와줄 수 있음을 보여 주었다.

셋째, 돈과 시장에 대해 가치중립적이다. 누구나 보다 나은 세상을 꿈꾼다. 누구나 돈에 찌들고 공평하지도 않으며 다람쥐 쳇바퀴 돌리듯 사는 현실보다는 좀 더 여유롭고 공정하며 인간다운 삶이 가능한 세상을 바란다. 그것은 사회 변혁을 하려는 운동가든 비영리 시민단체의 활동가든 보통의 직장인이든 큰 차이가 없다. 그러나 세상을 바꾸려니 돈이 울고, 돈을 좇자니 운동을 포기해야 하는 딜레마에 빠지곤 한다.

하지만 사회적 기업가들은 이러한 이분법적 사고를 깨뜨린다. 시민단체라고 사회에 좋은 일만 하는 것도 아니고, 영리 기업이라고 사회에 해악을 끼치는 것도 아니다. 동기가 순수하다고 결과가 반드시 좋다고도 할 수 없다. 사회적 기업가는 의도와 결과를 다 함께 중시한다. 그들은 영리냐 비영리냐를 떠나 '사회적으로 좋은 의도를 가지고 피부에 와 닿는 좋은 결과'를 만들어 내야 한다는 실용주의자들이다. 철학, 이념, 담론을 무시해서가 아니다. 구슬이 서 말이라도 꿰어야 보배라고 보는 것이다.

사회적 기업가들은 돈은 악마의 금전일 수도 있지만, 가난으로부터 자유롭게 해 주는 해방의 수단이라고도 본다. 시장에 대해서도 마찬

부자들을 중심으로 돌아가는 시장에서 유배되었다가 사회적 기업이 개발한 값싼 수동 펌프로 시장의 혜택을 받게 된 케냐의 농민들

가지이다. 그들은 시장이 냉혹한 경쟁의 장이자 자원을 효율적으로 분배하기 위한 장이란 점을 모두 긍정하며, 사회적으로 좋은 취지가 시장을 통해 좋은 결과물을 만들어 낼 수 있다고 믿는다. 그리고 어떤 활동이 도움을 필요로 하는 이들에게 실질적인 혜택을 주는지, 그 활동이 지속 가능하고 보다 광범하게 사회적으로 영향력을 미칠 수 있는지를 평가의 잣대로 삼는다.

엘리엇 브라운은 비정규직 저임금 노동자들이 더 열심히 일할 수 있는 환경을 만들어 준다. 비정규직의 임금이 낮은 것은 구조적인 문제도 있지만, 노동자 스스로 동기 부여가 부족한 이유도 있기 때문이다. 마틴 피셔는 수동 펌프를 개발해 아프리카의 가난한 농민들에게 값싸게 판다. 이들이 무슨 사회적 기업가냐 싶겠지만 그렇지 않다. 그들의 활동은 시장이 부자들 중심으로 돌아가고, 그 가운데 가난한 사람들이 시장에서 유배되는 메커니즘을 차단하는 데 일조한다.

넷째, 시장 안에서 '새로운 균형'을 추구한다. 사회적 기업가는 시장이 사람들을 가난하게만 만드는 것이 아니라 가난에서 벗어나게 할 수도 있다는 사실을 보여 준다. 이는 세계화란 이름의 급속한 시장 팽창과 더불어 사회적 기업가가 등장한 사실과 무관하지 않다. '보이지 않는 손'이 지구촌의 빈곤을 박물관에 가둘 것이란 장밋빛 기대가 안개처럼 흩어지고 시장은 여전히 돈을 좇는 사람들로 북적대지만, 한편에서는 도박판처럼 변해 가는 시장에 대해 '이건 내가 꿈꾸던 세상이 아니다.'라고 생각하는 새로운 사람들이 생겨났다. 그들은 승자 독식의 신자유주의가 시장과 경제의 전부는 아니며, 불편하고 정의롭지 못한 균형이라고 확신한다. 때문에 그들은 시장의 새로운 균형을 찾기 위해 힘쓴다. 더욱 놀라운 것은 그들은 시장에서 유배된 사람들이 아니라 주류라는 사실이다.

존 우드는 세계 최대 기업 마이크로소프트의 이사직을 내던졌고, 미국 민주당 대선 주자인 버락 오바마와 하버드 로스쿨 동기인 얼 마틴 팰런은 변호사의 길을 스스로 접었다. 무하마드 유누스는 경제학 교수였고, 빌 드레이튼은 하버드, 예일, 옥스퍼드 대학을 거쳐 30대에 환경청 차관을 지낸 바 있다. 사회적 기업가의 창업 자금을 지원하는 단체로서 기금 규모가 가장 큰 스콜 재단의 제프리 스콜은 이베이의 사장을 역임한 닷컴 신화의 주역 중 한 명이다.

물론 이들이 추구하는 '새로운 균형'이 동일한 것이라고 보기는 힘들다. 거대한 전환을 가져오는 사회 변동이 이념적으로 우파와 좌파의 협공에서 비롯되었듯이, 사회적 빈틈을 메우기 위해 뛰어든 사회적 기업가들의 지향 역시 기존의 잣대로 보면 좌파와 우파가 동거하는 양상을 보인다. 존 우드와 데이비드 그린, 얼 마틴 팰런과 사라 호로위츠가 도달하려는 더 나은 세상이 같은 풍경일 것 같지도 않다. 하지만 적어도 이들이 취하는 변혁의 방식만큼은 다르지 않다. 그들은 제도부터 바꾸고 그 제도를 사람들에게 학습시키려 하거나 시장 밖에서 기존의 틀을 뒤집으려 하기보다는 시장 안에서 사람들의 생각을 바꿈으로써 조용하지만 근본적인 변혁을 이루려 한다. 바로 '침팬지'로 대변되는 일그러진 인간의 자화상을 바로잡자는 것이다. 이들을 '보노보 혁명가'로 부르는 이유도 여기에 있다.

사회적 기업가의 조건

영리를 추구하는 기업들이 그러하듯, 이제는 사회적 기업들도 경쟁이 불가피해졌다. 비영리 단체든, 사회적 기업이든, 사회적 자본주의자든, B기업이든 사회적 변혁을 위해 일하는 사람들과 새로운 유형의 조직들은 사회적 영향력을 확대하기 위해 조직을 키워야 하고, 이를 위해서는 무엇보다 자금이 필요하다. 각종 사회적 벤처 캐피털도 늘어나고 기존 공익 재단의 기부금도 늘어나고 있지만, 자금을 확보하기 위한 경쟁은 어느 때보다 치열하다. 기존의 비영리 부문에서도 빈익빈 부익부 현상이 두드러지고 있고, 사회적 기업가들도 당위나 명분만 앞세워서는 생존하기 힘든 상황을 맞고 있는 것이다.

그러한 생존경쟁에서 살아남기 위해서는 먼저 신뢰도를 높여야 한다. 사회적 기업을 평가하는 단체들은 저마다의 기준을 내세우고 있지만, 그 핵심은 '효율적인 공공선의 추구'로 압축할 수 있다. 여기서는 사회적 기업가란 개념을 창안하고, 사회적 기업의 선정과 발굴에서 독보적인 영향력을 확보하고 있는 아쇼카의 평가 기준을 바탕으로

사회적 기업가의 조건을 살펴보기로 하자.[1]

첫 번째 평가 기준은 '창조성'이다. 이는 두 가지 측면에서 평가된다. 추구하는 바가 얼마나 새로운지와 문제 해결의 독창성이 어느 정도인지를 보는 것이다. 목적지에 이르기까지는 여기저기에 숱한 난관이 도사리고 있고, 사회적 기업가는 그것을 헤쳐 나가야만 한다. 다시 말해 사회적 기업가에게는 참신한 사업 아이디어뿐 아니라 사업 추진 과정에서 어려움에 직면할 때마다 새로운 돌파구를 찾아낼 수 있는 창의성이 요구되는 것이다.

창조성은 다음과 같은 절차를 거쳐 그 유무를 가린다. 먼저 새로운 사업 아이디어를 제시하도록 한다. 그러면 과연 이것이 정말로 새로운 것인지, 비슷한 사례는 없는지, 비슷한 사례가 있다면 그것과 어떻게 다른지를 검토한다. 그런 다음 '사람'에 주목하여 그동안 어떤 창의적 발상을 했는지, 조직을 꾸리거나 만들어 본 경험은 있는지, 살아오면서 어떤 난관에 부딪치고 그 난관을 어떻게 돌파했는지를 묻는다. 그의 지난날이 과연 문제를 스스로 찾아내고, 스스로 해결해 온 것인지를 추적하는 것이다. 창조성은 하루아침에 만들어지는 것이 아니다. 사회적 기업을 일구려는 사람의 개인사가 중요한 것은 이 때문이다.

두 번째 평가 기준은 '기업가적 자질'이다. 빌 드레이튼은 이것이 가장 어려운 관문으로, 아쇼카 펠로로 선정되기 원하는 사람들의 98퍼센트가 이 기준을 통과하지 못한다고 한다.

아무리 창조적이고 이타적이며 열정적이라 해도 기업가적 자질을

---

1 아쇼카의 펠로 선발 기준은 아쇼카 홈페이지(ashoka.org)와 David Bornstein, *How to Change the World*(2003, pp.117-125) 참조.

갖춘 인재는 1000명에 1명도 채 안 되며, 이를 가려내기도 그만큼 쉽지 않다. 프레젠테이션을 아무리 잘해도, 지금까지의 실적이 아무리 좋아도 그것은 기업가가 갖추어야 할 자질의 일부에 불과하다. 사회적 기업가에게는 해당 부문뿐 아니라 궁극적으로 사회 전반을 변화시킬 수 있는 역량과 자질이 요구된다. 관리 능력이 뛰어난 것도 좋지만 고정관념에서 벗어나 자유로운 사고를 하고, 사회적 현실에 대한 통찰력을 갖추고 있어야 한다. 매우 어려운 주문이지만 반드시 필요한 자질이다.

그럼 사회적 기업가가 다른 사람들과 구별되는 지점은 어디일까. 드레이튼은 기업가적 자질이란 아주 어려서부터 길러지는 것이라고 말한다. 때문에 세상을 근본적으로 바꾸겠다는 생각을 얼마나 일찍부터 품어 왔는지, 그간의 경력은 어떠했는지를 살펴보는 것이다. 또한 기업가적 자질로 무장된 사람은 단순히 아이디어에 만족하지 않고 실천한다는 점에서 학자나 예술가와 다르다. 관리자나 전문가, 사회사업가 들은 아이디어를 실천에 옮기는 일을 한다. 하지만 여기서 말하는 기업가적 자질과는 차이가 있다.

의사는 환자의 병을 고쳐 주는 것으로, 사회사업가는 고아원을 운영하는 것으로 직업적 만족을 얻는다. 하지만 기업가적 자질은 그 이상을 요구한다. 사회적 기업가들은 자신의 아이디어가 실현되었을 때 세상이 어떻게 달라질 것인가에 대한 전망을 갖고 있다. 그들은 자신의 꿈이 특정 부문이나 특정 지역에서 실현되는 데 그치지 않고, 그 영향력이 사회 전체로 확산될 때까지 노력을 멈추지 않는다. 이는 영리 기업들이 자사 제품을 보다 많이 팔기 위해 마케팅을 펼치는 것과 유사하다. 사회적 기업도 마찬가지이다. 사회적 기업에도 학교나 마을 단위에서 실현한 문제 해결 방식을 좀 더 넓은 지역과 부문으로 확산시키려는 기업가적 자질이 요구되는 것이다.

이를 바탕으로 기업가적 자질을 평가하는 기준은 첫째, '아이디어가 얼마나 체화된 것인가'이다. 자신의 꿈을 실현하기 위해서는 필요하다면 10년, 20년을 헌신할 수 있어야 하고, 일이 뜻대로 풀리지 않더라도 쉬이 좌절하지 않는 끈기가 요구된다. 그러기 위해서는 세상을 근본적으로 바꾸겠다는 아이디어가 그 자신이 바꾸려는 현실에 단단히, 그리고 지속적으로 발붙이고 있어야 한다.

아쇼카 펠로를 선정하기 위해 그간 수많은 사람들을 면접해 온 드레이튼은 2년 전 문득 새로운 아이디어가 떠올랐다고 말하는 사람은 신뢰하기 어렵다고 말한다. 앞서 언급했듯이 전형적인 기업가적 자질을 갖춘 경우라면 아이디어의 씨앗은 아주 일찍부터 어딘가에 심어져 그의 삶에 깊게 뿌리내린 상태여야 한다는 것이다.

둘째, '어떻게란 질문 공세를 얼마나 잘 극복하는가'이다. 예를 들어 춘천에서 노숙자 문제 해결을 위해 활동하는 사람이 이 일을 한국 사회 전반으로 확산시키려 한다고 치자. 그에게 쏟아질 첫 번째 질문은 당연히 '어떤 식으로 하겠냐'일 것이다. 지역마다 사정이 다르고 규모도 같지 않은데 조직을 어떻게 확대하고, 재정 문제에 대해서는 어떤 대책을 세우고 있는지 궁금하지 않을 수 없다. 기업가적 자질을 검증받기 위해서는 바로 이 대목, 즉 '어떻게'에 대한 집요한 질문 공세의 관문을 창조적으로 돌파해야만 한다. 아쇼카의 경우 심사 위원들은 펠로 후보들을 앞에 두고 먼저 '어떻게 할 것인가'를 묻는다. 대답이

나오면 그 다음에는 이러저러한 문제가 예상되는데 그때는 어떻게 하겠냐고 다시 묻는다. 꼬리에 꼬리를 물고 계속 묻는 식이다. 이 과정은 후보들은 물론이고 심사 위원들까지도 지치고 힘들어하는 어려운 관문이다.

하지만 드레이튼에 따르면, 기업가적 자질이 있는 사람은 외려 이 과정을 즐긴다고 한다. 그들은 아침에 샤워를 하면서도 '어떻게'에 대한 고민을 하는 인물인 데다, 주변에 '어떻게'를 함께 고민하고 상담할 만한 마땅한 사람도 없기에 이런 자리를 좋은 기회로 여겨 즐긴다는 것이다. 이제 막 사회적 기업을 시작한 사람들은 미래에 벌어질 문제에 대해 철저한 준비를 하거나 예상을 하기가 쉽지 않다. '어떻게'라는 질문은 그들에게 정답을 얻으려 한다기보다는 그들로 하여금 미래에 대해 보다 철저하게 대비하게 하는 한편, 그들이 얼마나 창의적인 대응 능력을 갖추고 있는지를 보기 위함이다. 아울러 그가 꿈만 많은 이상주의자인지, 발로 뛰는 현실주의자인지도 판단할 수 있다. 이상주의자들은 이러이러해서 목표에 도달할 수 있다고 설명한다. 하지만 그 목표에 도달하기 위해 걸어서 갈 것인지 차를 탈 것인지, 그리고 차를 타면 어떤 차를 타고, 고속도로로 갈지 국도로 갈지 등에 대해서는 창의적인 대책을 내놓지 못하기 일쑤이다.

셋째, '현실주의적인가'이다. 진정한 기업가적 자질을 갖추고 있다면 주변 환경과 현실에 대해 정통해야 한다. 현실을 알지 못한 채 사회적 변혁을 이룬다는 것은 불가능하다. 현실적인 사회적 기업가라면 세상이 이론과 이념만으로는 움직이지 않는다는 점을 알고 있다. 따라서 한마디 구호나 한 권의 비판적 보고서보다 구체적인 실천을 중시한다. 그리고 도움이 필요해 보이는 사람들도 일방적인 자선과 시혜만 바라지는 않는다는 점 또한 분명히 알고 있다. 현실주의자들은 기존의 조직 간 장벽이나 편 가르기를 부질없는 것으로 여긴다. 따라서 대의를 위해 서로 소통하려 하고, 기꺼이 손을 잡고자 한다.

이상의 세 가지 기준을 통해 기업가적 자질의 유무를 평가한다.

세 번째 평가 기준은 아이디어의 '사회적 영향력'이다. 이는 앞의 두 평가 기준(창조성, 기업가적 자질)이 사람에 초점을 맞춘 것과 달리 아이디어 그 자체를 따진다. 이 평가 기준은 사회적 기업에서 기업가 개인의 역할을 너무 강조하다 보면 조직 문제가 소홀해질 수 있다는 문제의식이 대두되면서 나중에 추가되었다고 한다. 사회적 영향력을 측정하는 데는 두 가지 방법이 동원된다. 하나는 어떤 사회적 기업가가 특정 부문이나 지역에서 사회적 기업을 정착시킨 뒤 그 조직을 떠났다고 가정하고, 이때 그 조직의 다른 활동가나 해당 지역, 해당 부문의 사람들이 그 사업을 이어받아 지속할 수 있을 것인가를 따져 보는 것이다. 요컨대 사회적 기업의 사업 아이디어가 특정 인물 없이도 지속 가능한 힘을 가졌는가에 주목하는 것이다. 다른 하나는 사회적 변혁을 위한 아이디어가 얼마나 많은 사람들의 삶을 변화시킬 수 있는지, 그리고 그 영향은 사회적으로 어떤 의미를 갖는지를 살펴보는 것이다.

마지막 평가 기준은 '도덕적 품성'이다. 이는 머리가 아니라 가슴을 겨냥한 평가이다. 참신한 아이디어와 냉철한 기업가적 실천력만으로는 뭔가 부족한 게 있다. 가슴으로부터 신뢰를 보낼 수 있는 사람인지, 위기에 처했을 때 믿고 따를 수 있는 사람인지 등 수치로 측정할 수 없는 사람에 대한 느낌, 신뢰감도 사회적 기업가에게 요구되는 중요한 덕목이다.

아쇼카는 도덕적 품성을 중시하는 이유에 대해 세 가지 이유를 든다. 첫째, 사회적 기업은 신뢰 없이는 할 수 없는 일이다. 아쇼카 펠로십은 사회적 기업가가 예비 사회적 기업가를 공동으로 선정하는 작업이기에 서로를 신뢰하지 못한다면 선정 결과도 신뢰 받을 수 없다. 둘째, 사회적 기업가와 그들이 변화시키려는 보통사람 사이에 신뢰 관계가 형성되어야 한다. 사회적 기업가들은 근본적으로 사회적 변화를 이루기 위해 사람들에게 기존의 생활 방식과 인간관계 따위를 바꾸라고 권할 수밖에 없다. 따라서 사람들의 신뢰를 얻지 못한다면 사회적 기업의 성공은 기대하기 어렵다. 셋째, 사회적 기업가의 신뢰성은 그를 지원하는 아쇼카의 신뢰성과도 연관이 된다. 아쇼카를 비롯한 사회적 기업의 창업을 후원하는 단체들은 유망한 사회적 벤처를 발굴해 재정 지원을 할 뿐 아니라, 사회적 기업에 대한 신용 평가를 통해 그들의 신인도를 높여 주는 기관이기도 하다. 보다 나은 세상을 만들겠다

가난한 이들을 위해 값싼 의료기를 만드는
인도의 사회적 기업 오로랩

는 이들이 사회적 기업가의 품성을 고려하지 않는다면, 이는 마치 세계 평화에 기여한 공로를 평가하지 않고 노벨평화상을 수여하는 것과 다르지 않다.

아쇼카는 이상의 네 가지 평가 기준을 가지고 사회적 기업가의 자질을 평가한다. 그리고 각각의 평점을 합산한 뒤, 선정 위원들은 마지막으로 '나는 그 사람과 그의 아이디어가 해당 분야의 기존 틀을 변화시킬 수 있다고 믿는가?'라고 스스로에게 질문을 던진다. 위원들이 모두 '예스'라는 답을 내리면, 드디어 아쇼카 펠로가 되기 위한 마지막 관문을 통과한 것이다.

인적
네트워크의 힘

기금은 비영리 단체들이 활동 영역을 넓히는 데 필수적인 요소이기 때문에 다른 모든 분야와 마찬가지로 모금 경쟁이 치열하다. 기존의 시민단체들은 대개 어떤 활동을 하는가에 따라 회원을 모으고, 회원들의 기부금을 바탕으로 조직을 꾸려 왔다. 하지만 사회적 기업의 기금 모금은 전통적인 시민단체와는 사뭇 다르다. 이들은 인적 네트워크를 적극 활용해 뭉칫돈을 끌어 모으는 등 대단히 공격적일 뿐만 아니라 돈의 색깔에 대해서도 개방적이다. 이를 두고『보스턴 비즈니스 저널』(2006년 12월 25일)은 "사회적 기업들의 기금 모금에서 중요한 것은 어떤 활동을 하는가가 아니라 '누구를 알고 있는가'이다."라고 했을 정도이다.

BELL의 얼 마틴 팰런은 인적 네트워크를 적극 활용한 대표적인 인물로, 하버드 대학 로스쿨 은사인 찰스 오글트리(Charles Ogletree, Jr.) 교수에게 상당한 도움을 받았다. BELL이 출범할 때부터 이사회 의장을 맡은 오글트리는 팰런과 명문 프로야구 구단인 보스턴 레드삭스의 구단주를 이어 주는 결정적인 역할을 했으며, 그런 계기를 통해 레드삭스 재단으로부터 275만 달러를 기부 받았다.

보스턴의 사회적 기업 시티즌 스쿨스(Citizen Schools)의 책임자인 에릭 슈워츠(Eric Schwarz)의 성공도 인적 네트워크와 무관하지 않다. 슈워츠는 벤처 캐피털인 베인(Bain)의 전무이사 앤드루 밸슨(Andrew Balson)을 시티즌 스쿨스의 이사회 의장으로 끌어들였으며, 그 덕에 기금을 세 배나 늘릴 수 있었다.

오늘날 팰런과 슈워츠 외에도 광범한 인적 네트워크를 활용해 공격적으로 조직을 꾸려 가는 사회적 기업가들은 빠르게 늘고 있다.

인맥, 학맥도 세상을 바꾸는 도구

사회적 기업가들은 폭넓은 인맥과 학맥을 활용할 줄 아는 사업 수완 덕에 다른 비영리 단체들에 비해 기금 확보 면에서 우위를 차지한다. 특히 보스턴의 사회적 기업 대부분은 혁신적인 기업가들로부터 재정 지원과 자문을 받아 영리 기업 못지않은 성장세를 보이고 있다. 이에 대해 보스턴의 FSG 소셜 임팩트 어드바이저스의 전무이사 마크 크레이머(Mark Kramer)는 다음과 같은 말을 했다.

"아직 규모는 작지만 대단히 인상적인 접근을 시도하는 사회적 기업들이 생겨나고 있다는 점은 의심의 여지가 없다."

사회적 기업은 경영 훈련을 새롭게 받았고, 혁신에 대한 야망으로 무장되어 있으며, 대단히 빠른 속도로 성장하고 있다. 소규모 시민단체들의 연평균 성장률이 5퍼센트 정도인 데 반해 사회적 기업들은 월 성장률이 5퍼센트에 이르기도 한다.

이러한 고속 성장의 배경에 인맥과 학맥이 자리한다. 비영리 사회적 기업인 이어업(Year Up)의 설립자이자 최고경영자인 제럴드 처터비언(Gerald Chertavian)은 보스턴의 대형 법률 회사인 윌머헤일(WilmerHale)의 도움을 이어업의 결정적인 성공 요인으로 꼽는다. 변호사만 해도 1000명이 넘고 미국과 유럽, 아시아 등에 11개 지점을 둔 윌머헤일이 많은 기부자들을 연결해 준 덕분에 이어업이 수백만 달러의 기금을 끌어 모을 수 있었기 때문이다. 이어업은 대도시 도심의 빈민 지역 청소년들에게 직업 교육을 통해 일자리를 제공함으로써 소득 격차로 인한 '기회의 격차'를 줄이는 일을 하고 있는데, 지난 5년 사이 기금을 무려 412.5퍼센트나 늘리는 성장률을 보였다.

이어업은 또한 출범 초기에 보스턴의 사모펀드인 알타 커뮤니케이션즈(Alta Communications)의 도움도 받았다. 이 회사의 팀 다이블(Tim Dibble) 회장은 준비 단계에 있던 이어업에게 사무실을 내주었고, 알타 커뮤니케이션즈의 파트너들은 이어업에 멘토링 자원봉사를 했으며, 기금 모금에도 힘을 보탰다.

처터비언은 금융계에서 잔뼈가 굵은 기업인 출신으로, 일찍이 런던에서 컨두이트 커뮤니케이션즈를 설립하여 연 매출 2000만 달러 기업으로 키운 뒤 매각한 바 있다. 그는 재계에서의 폭넓은 인맥이 이어업에 큰 도움이 되고 있음을 부인하지 않는다. 하지만 그것만으로는 기업가들의 지갑을 열 수는 없다고 잘라 말한다.

"진짜 어려운 것은 지역사회의 문제점과 그 해결책을 가지고 그들을 설득하는 것이다. 오랜 대화와 설득 끝에 사인만 남겨 둔 상태에서

의 마지막 관문은 그들에게 지역사회 문제의 해법을 다시 일목요연하
게 제시하는 것이다."

팰런의 경우, 그가 레드삭스 재단과 인연을 맺을 수 있었던 것은 전
적으로 오글트리 교수 덕분이었다. 보스턴 레드삭스는 2002년에 오글
트리의 대학 친구였던 래리 루치노(Larry Luccino)가 최고경영자에 오르
며 새 주인을 맞았다. 오글트리는 저소득층 자녀에게 멘토링을 제공
하는 BELL을 루치노에게 소개했고, 마침 자선사업을 확대하기 위해
레드삭스 재단을 설립한 구단 측은 BELL에 거액을 투자하기로 결정
했던 것이다.

레드삭스 재단은 2003년에 '레드삭스 장학금'을 만들어 매해 보스
턴의 저소득층 가정의 초등 5학년생 가운데 성적이 우수한 25명을 선
발하여 장학금을 수여하는데, 이 장학금도 BELL의 멘토링 사업과 밀
접한 연관을 맺고 있다. 아울러 이 재단은 BELL과 함께 보스턴 레드

2007년 10월 보스턴 레드삭스의 홈구장 펜웨이 파크에서
월드시리즈를 관람하는 BELL의 팰런(가운데)과 오글트리(오른쪽)

삭스의 홈구장인 펜웨이 파크 야구장에서 '꿈의 구장'이란 자선기금 마련 행사도 연다. BELL은 이 행사를 통해 피델리티로부터 100만 달러, 뱅크 오브 아메리카로부터 25만 달러를 기부 받았다. 당시 팰런은 "'꿈의 구장' 자선 행사에서 BELL의 스칼라들을 소개하는 기회가 없었다면 BELL은 두 회사로부터 그처럼 많은 기부금을 끌어내지 못했을 것이다."라고 말했다.

팰런은 윌머헤일의 도움도 받고 있다. BELL의 뉴욕 사무실은 연간 임대료가 75만 달러나 하는데, 윌머헤일에서 파트너로 일했던 사람이 6년째 무료로 대여해 주고 있다. 이러한 인적 네트워크에 힘입어 BELL은 2001~2006년까지 6년간 기금을 무려 460퍼센트나 늘렸다.

성장을 중시하는 경영 기법

벤처 캐피털이나 사모펀드의 기부자들은 영리를 목적으로 투자할 때와 마찬가지로 사회적 기업의 실적을 중시한다. 그들은 사회 혁신을 위해 일하는 비영리 사회적 기업일지라도 눈에 보이는 성과를 내야 한다고 주장한다.

시티즌 스쿨스의 슈워츠는 "영리 기업과 말이 통하는 사회적 기업은 조직의 성장과 성과를 중시하므로 새로운 기부자들을 끌어 모으기가 용이하다."고 말한다. 지난 5년간 시티즌 스쿨스의 기금은 83.3퍼센트나 늘었다. 이들 대부분은 슈워츠가 기존의 인적 네트워크를 활용해 벤처 캐피털로부터 끌어들인 것이다. 비단 재정적 지원만 받은 게 아니라 조직 운영에도 적지 않은 도움을 받고 있다. 밸슨 부부의 경우 남편은 시티즌 스쿨스의 이사회 의장을 맡았고, 아내는 '공격적으로 기금 늘리기' 5년 계획에 뛰어들었다. 밸슨은 "시티즌 스쿨스는 훌륭한 기업이다. 전략도 훌륭하고, 함께 일하는 사람들도 유능하며, 무엇을 성취하려는지와 앞으로 그것을 어떻게 하겠다는 것인지 방향이 명료한 조직"이라고 평가한다.

금융 회사 뉴스타 파이낸셜의 최고경영자 팀 콘웨이(Tim Conway)도 슈워츠와의 개인적 인연으로 5년째 시티즌 스쿨스의 이사로 활동하고 있다. 그는 슈워츠가 폭넓은 인적 네트워크를 확보하고 있다는 점에서 그의 성공 잠재력을 높이 평가한다. 다시 말해 비영리 사업을 위해 영리 기업과의 네트워크를 부단히 확대하는 슈워츠의 활동이 그와 그의 활동에 신뢰를 보내게 만드는 요인이라는 것이다.

시티즌 스쿨스의 성장과 관련해 한 가지 더 주목할 점은 시티즌 스쿨스가 보스턴에 위치하고 있다는 사실이다. 보스턴은 실리콘 밸리 못지않게 사회적 기업이 성장하기에 좋은 사회적 인프라를 갖추고 있다. 자선 전통이 강한 특성에 더해 제약, 금융, 법률 회사 등 알짜 기업과 큰손 기부자들도 많고, 하버드 대학과 MIT 등이 있는 대학 도시이기도 하다. 이 때문에 '사회적 혁신의 실리콘 밸리'로 불리기도 한다.

슈워츠는 이러한 이로운 지리적 조건과 함께 인맥, 학맥 등을 적극 활용하여 2011년까지 시티즌 스쿨스의 기금을 현재의 1100만 달러에서 3500만 달러로 늘려서 시설도 확충하고, 서비스 대상자도 네 배까지 확대할 계획이다.

사회적 기업에 대한
다섯 가지 오해

요즘은 비영리 시민단체들 사이에도 보다 힘 있게 사회적 변혁을 추진하기 위해 전통적인 영리 기업의 열정과 경영 전략을 배우고 받아들여야 한다는 생각이 널리 퍼지고 있는 추세이다. 따라서 자연히 사회적 기업에 대한 관심도 점점 더 높아지고 있다. 그런데 '사회적 기업'이란 간판만 내걸면 만사형통일까.

로버츠 기업 발전 기금(Roberts Enterprise Development Fund, 이하 REDF)의 운영 책임자 크리스틴 에이스 번스(Kristen Ace Burns)는 그렇지 않다고 단언한다. REDF는 1997년에 투자 회사 콜버그 크라비스 로버츠 앤 컴퍼니(Kohlberg Kravis Roberts & Co.)의 파트너 조지 로버츠(George R. Roberts)가 만든 일종의 사회적 벤처 캐피털로, 캘리포니아 주 샌프란시스코 일대에서 비영리 사회적 기업을 대상으로 재정 지원은 물론 경영 자문 등의 비재정적 지원도 하고 있다.

영리 기업이든 비영리 사회적 기업이든 성공에 이르는 길이 순탄치 않기는 마찬가지이다. 번스는 최근 사회적 기업이 늘어남에 따라 그에 대한 논의도 활발해지고 있지만, 사람들의 오해는 여전하다고 말한다. 번스의 지적을 바탕으로 사회적 기업에 대한 다섯 가지 신화와 그 진위 여부를 간추려 보면 다음과 같다.

신화 1... 명분만 훌륭하면 사회적 기업의 성공은 떼 논 당상이다.

결코 그렇지 않다. 사회적 소명만 앞세워서는 사업을 할 수 없다. 소비자들은 제품의 질과 서비스가 좋고 가격이 적당해야 기꺼이 지갑을 연다. 서비스가 엉망인 할인점이나 문짝 하나 제대로 달지 못하는 건축 회사라면 소비자들은 그들이 내세우는 소명이나 명분이 아무리 그럴듯해도 등을 돌리고 만다. 사회적 기업도 마찬가지이다. 시장에 사회적 소명을 언제 어떻게 내놓을 것인가를 결정하기에 앞서 자신의 제품(사회적 서비스)을 누가 구입할 것인지에 대해 심사숙고해야 한다.

예를 들어 장애인이나 고령자 등 사회적 취약 계층을 고용해 특정 제품이나 서비스를 제공하는 사회적 기업이 있다고 치자. 잠재적 고객들은 그 사회적 기업의 제품(서비스)이 질이 좋지 않을 것이라는 오해를 할 수도 있다. 이런 경우 사회적 기업은 사회적 소명만을 강조해서는 사람들의 의심과 오해를 풀 수 없다. 제품의 질이 얼마나 우수한가를 실제로 보여 주는 것만이 해답이다.

요컨대 사회적 기업이 아무리 훌륭한 사회적 소명을 갖고 있더라도 서비스나 제품의 질이 우수하지 않고서는 성공하기 힘들다.

신화 2... 사회적 기업은 적자를 걱정할 필요가 없다. 조직이 굴러가고 사회적 기능만 유지한다면, 재무 상태를 보여 주는 대차대조표에 신경 쓰지 않아도 된다.

진실이 아니다. 기업의 사회적 가치란 기업의 성공을 가늠하는 다양한 기준 가운데 하나에 불과하다. 성공적인 사회적 기업이라고 판단하는 것은 결코 단순한 일이 아니다. 사회적 기업의 경영 상태를 지속적으로 진단해야 하고, 영리 기업에 요구되는 복잡한 분석들을 해야 한다. 또한 사회적 소명을 위한 활동비와 상근 직원들의 인건비를 구분해야 하고, 각종 지출 항목들을 항시적으로 모니터하는 등 투명한 회계 시스템을 갖추는 일도 필수적이다. 즉 일반 영리 기업과 마찬가지로 일, 주, 월 단위로 회계 장부를 투명하게 작성하고 공개할 수 있어야 한다.

일례로 REDF와 협력 관계에 있는 사회적 기업들은 매달 REDF와 함께 경영 점검 회의를 열고, 필요한 경우 REDF의 직원이 수시로 사회적 기업에 파견돼 재무 및 경영 현안을 논의한다.

이처럼 비영리를 추구한다고 해도 사회적 소명과 금고의 사정이 가능한 한 균형을 이루도록 노력하는 것은 기본이다. 사업을 하다 보면 사회적 기업도 당연히 기복이 있을 수밖에 없는데, 투명한 회계 처리가 되어야만 단기적으로 어려움에 처하더라도 투자자가 어떠한 지원이 얼마나 필요한지를 판단할 수 있다.

신화 3... 사회적 기업을 창업하는 데는 많은 돈이 들지 않는다.

천만의 말씀이다. 사회적 기업을 세우는 데는 생각보다 훨씬 많은 돈이 필요하다. 우선 창업 전 계획 단계에서 돈이 필요하다. 창업하려면 사무실도 내야 하고 상근 직원도 고용해야 한다. 어느 정도 굴러가기까지 버틸 만한 여윳돈이 있어야 성과를 내서 기부나 투자도 받을 수 있다.

영리 기업이든 비영리 기업이든 일단 홀로 설 수 있으려면 자금이 넉넉해야 한다. 사회적 기업은 재단이나 일반인들로부터 기부금을 모아 초기 자금을 마련할 수는 있다. 하지만 기부금도 거저 모이는 것은 아니다. 모금을 하기 위해서도 돈이 필요하다. 예컨대 모금을 위한 벼룩시장을 열더라도 목이 좋은 곳이 아니라면 소기의 성과를 낼 수 없다. 그나마 고무적인 것은 사회적 기업에 기꺼이 지원하려는 다양한 민간 재단과 정부 프로그램, 개인 기부자들, 그리고 사회적 벤처 캐피털이 증가하고 있다는 점이다.

신화 4... 비영리 사회적 기업은 외부의 지원 없이도 스스로의 수익 사업만으로 운영할 수 있다.

과연 그럴까. 사회적 기업을 꾸리는 데는 만만찮은 비용이 든다. 그리고 비영리 사회적 기업이라고 해서 비영리 활동만 하는 것도 아니다. 많은 비영리 단체나 사회적 기업들이 재원 조달을 위해 영리 사업을 벌인다. 이러한 영리 사업은 사회적 서비스를 제공 받는 사람들에게 일자리를 만들어 주는 또 다른 사회적 프로그램이기도 하다.

하지만 사회적 기업 산하의 영리 기업이나 사업이 흑자를 낸다고 해도 그 수익만으로 전체 사회적 기업의 비용을 충당하기는 쉽지 않다. 더욱이 자체 수익 확보에 지나치게 힘을 쏟을 경우 애초의 사회적 소명에 소홀해질 우려가 있다. 본말이 전도될 수도 있다는 얘기이다. 따라서 비영리 사회적 기업이 재정 자립을 위해 자체 수익 사업을 갖는다고 해도 외부의 지원을 확보하는 일은 중요하다. 요컨대 영리형 사회적 기업이라면 모를까, 비영리 사회적 기업이라면 외부의 지원과 내부의 수익 사업이 적절한 균형을 이룰 때 건강한 재무 구조를 만들 수 있다.

신화 5… 모든 사회적 기업은 전국구를 꿈꿔야 한다.

반드시 그런 것은 아니다. 사회적 기업의 조직이 커지고 활동 범위가 넓어졌다고 해서 더 좋은 것이라고는 단정할 수 없다. 사회적 기업의 성공 여부는 개인의 삶을 얼마나 실질적으로 변화시키는가에 달려 있지 규모에 좌우되는 것이 아니기 때문이다.

사회적 기업을 지원하는 재단과 사회적 벤처 캐피털은 대체로 성장과 규모를 중시한다. 그들은 사회적 기업의 활동 범위가 넓어질수록 사회적 변혁도 가속화된다고 보는 것이다. 하지만 REDF처럼 사회적 기업의 내실에 비중을 두는 곳도 적지 않다. 요컨대 지원 단체나 재단의 설립 목적에 따라 보다 넓은 영향력을 중시할 수도 있고, 보다 근본적인 혁신을 추구하기도 하는 것이다.

많은 사회적 기업들이 지역 단위로 대단히 성공적인 활동을 하고 있지만, 이들 모두가 전국 단위로 사업을 확대하려는 의지를 갖고 있지도 않다. 규모를 늘리는 것 못지않게 중요한 것은 작게 시작해서 탄탄하게 내실을 기하는 것이다. 영리 기업이 무리하게 사업을 확장하다 부도라는 예기치 못한 파국을 맞듯, 사회적 기업도 초심을 잃지 않는 성장이 바람직하다.

4장

사회적 기업의 신 생태계, 제4섹터

사회적 벤처 캐피털의 등장

한때 미국 경제에서 '그린스펀 수수께끼(Greenspan conundrum)'라는 말이 널리 사용되었다. 정책 금리를 계속 인상하는 데도 장기 채권 금리가 꿈쩍도 하지 않자 세계의 경제 대통령으로 불리던 연방준비제도이사회의 앨런 그린스펀 전 의장이 수수께끼 같은 일이라고 한 데서 비롯된 말이다. 다시 말해 예상을 빗나가는 시장의 움직임을 수수께끼라고 한 것이다.

게이츠 수수께끼

사회적 기업과 관련해서도 수수께끼라는 말이 쓰이고 있다. 마이크로소프트의 빌 게이츠 회장이 수백억 달러의 재단을 만들고, 워런 버핏이 전 재산을 기부하는 등 공익 재단의 기금은 빠르게 늘어나는데, 사회적 기업들이 이를 적절히 활용하지 못하는 현실을 빗대어 룸투리드의 창업자 존 우드는 '게이츠 수수께끼(Gates conundrum)'라고 말한다.

물론 게이츠 수수께끼는 우드처럼 대기업과 억만장자들의 돈줄을 끌어들이는 데 탁월한 사회적 기업가들에게나 적용되는 말이라고 볼 수도 있다. 수많은 비영리 단체들이 여전히 자금난에 허덕이고 있기 때문이다. 하지만 비영리 단체와 사회적 기업을 지원하는 재단이 빠르게 성장하고 있는 것만은 분명한 사실이다. 심지어 창업 단계의 사회적 기업에 집중 투자를 하는 특화된 재단들까지 생겨나고 있다. 일반 벤처에 투자하는 벤처 캐피털을 '엔젤 투자자(Angel Investor)'라고 한다면, 창업 단계의 사회적 기업에 투자하는 벤처 캐피털을 가리켜 '벤처 자선(Venture Philanthropy)'이라고 하기도 한다. 단, 최근에는 사회적 기업에 대한 관심이 더 커지면서 영리 기업이나 억만장자들이 비영리 단체에 자선을 베푸는 듯한 인상을 피하기 위해 '벤처 자선'보다는 '사회적 벤처 캐피털'이라는 용어를 더 널리 쓰고 있다.

미국에는 비영리 시민단체를 후원하는 재단이 그 수를 헤아리기 힘들 정도로 많다. 뉴욕의 재단 센터(Foundation Center)에 따르면, 2005년에 활동 중인 미국의 공익 재단은 6만 6000개나 되는데, 그 가운데 절반 이상이 1990년대 이후에 만들어졌다. 특히 IT 붐이 일었던 1990년 말 이후 닷컴(dot-com.)으로 큰돈을 번 억만장자들이 줄줄이 공익 재단을 설립하면서 닷오르그(dot-org.) 붐을 주도했다. 그에 따른 기금도 상당하다. 기빙 USA 재단에 따르면, 미국의 개인 기부금 총액은 2006년에 2950억 달러에 달했는데, 이는 2006년 한국 국내총생산(GDP)의 33퍼센트에 해당하는 액수이다. 빌 게이츠가 설립한 빌 앤드 멜린다 게이츠 재단의 기금만 해도 260억 달러(버핏의 기부금 제외)로, 저개발국 100개 나라의 GDP를 합친 것보다 많다.

이러한 많은 재단들과 기금은 200만 개가 넘는 미국 시민단체들이 활동할 수 있는 사회적 인프라인 셈이다. 그러나 그 많은 기금들이 큰 뜻을 품고 걸음마를 시작하는 사회적 벤처들에게 얼마나 효율적으로 투자되고 있는지는 별개의 문제이다. 우드가 말한 게이츠 수수께끼는 이를 두고 한 말이다.

미국의 경우 종교단체나 학교 등이 설립한 단체를 제외하고, 운영 비용을 외부에서 조달해야 하는 독립적인 비영리 시민단체의 수는 대략 50만 개로 추산된다. 사회적 벤처 캐피털인 뉴프로핏(New Profit Inc.)에 따르면, 50만 개 비영리 단체 가운데 연간 운영 예산이 100만 달러를 넘는 곳은 8퍼센트도 채 안 된다. 지난 30년 동안 세상을 새롭게 바꾸겠다며 창업한 사회적 기업은 1만여 개에 이르지만, 이들 가운데 한 해 운영 자금이 2000만 달러를 넘는 곳은 2005년 당시 21개에 불과했다. 그리고 지금까지 한 해 운영 자금이 2000만 달러를 넘긴 비영리 단체도 전체의 0.6퍼센트인 3300여 개로, 이들 대부분은 구세군이나 보이스카우트 등 설립된 지 50~100년에 이르는 전통 있는 비영리 단체들이다.

'작은 것이 아름답다.'고 하지만, 더 많은 사람들을 위한 보다 나은 세상을 만들고자 하는 사회적 기업가들에게는 작은 것이 아름다울지는 몰라도 '충분치 못한 것'이다. 운영비 걱정 없이 본래의 소명에 전력투구하는 것이 그들의 한결같은 꿈이다. 특히 창업 초기에 종자돈이 빠듯한 사회적 기업들은 악순환의 늪에서 허덕이기 십상이다. 이는 부족한 기금을 모으기 위해 모금에 힘을 쏟다 보면 본업인 사회적 서비스 활동이 소홀해지고, 활동 실적이 나쁘면 기금을 모으기가 더 힘들어지게 되는 까닭이다. 더구나 요즘 사회적 벤처에 투자하는 이들은 일반 벤처에 대한 투자 기준을 사회적 기업에도 똑같이 적용하는 추세가 두드러지고 있다. 그들은 사업 아이디어는 무엇인지, 어느 정도의 성과를 올리고 있는지, 자금 조달은 어떻게 하고 있는지, 향후 성장 가능성은 어떠한지 따위를 꼼꼼히 따진 뒤 투자한다.

따라서 기업가 정신으로 무장한 사회적 기업이라야 더 많은 지원을 끌어들이고, 더 빨리 성장하며, 더 많은 사람들에게 더 폭넓은 사회적 서비스를 제공할 수 있다. 바로 그것이 사회적 기업의 창업을 지원하는 사회적 벤처 캐피털이 빠르게 성장하는 이유이기도 하다. 물론 사회적 벤처 캐피털의 빠른 성장에도 불구하고 급증하는 사회적 기업의 수요를 채워 주기에는 역부족이다. 미국의 경우 한 해에 새롭게 창업하는 비영리 단체만도 평균 4만여 개에 달한다. 이처럼 제4섹터 사회적 기업들은 제3섹터와 달리 생존경쟁의 시장 질서에 적응해야 하는 과제를 안고 있다.

자선 기부에서 사회적 투자로

성공적으로 창업 종자돈을 유치한 사회적 기업은 대개 잘나가는 영리 기업 부럽지 않은 성장세를 보인다. 워싱턴 DC에 본부를 둔 사회적 기업 칼리지 서밋(College Summit)의 투자 유치 성적은 눈부시다.

칼리지 서밋은 1995년에 슈람(J.B. Schramm)이 창립한 비영리 단체로 도심 저소득층 학생들의 대학 진학을 돕고 있다. 저소득층 학생들은 대부분 학교 성적이 좋지 않을뿐더러, 설령 성적이 좋다 해도 미국의 대학 문은 저절로 열리지 않는다. 칼리지 서밋은 집안에 대학 출신자가 하나도 없는 저소득층 학생들을 대상으로 대학 진학 상담에서부터 대학 입학 사정관들의 눈에 들 수 있는 자기소개서 작성 요령까지 꼼꼼히 도와준다. 대학 입학금이 없는 학생들에게는 재정 지원도 해준다. 대학 진학을 돕는 게 뭐 그리 대단할까 싶겠지만, 빈곤이 대물림되는 미국의 사회 현실에서 대학 진학은 그 악순환의 고리를 끊을 수있는 현실적인 대안이 된다. 칼리지 서밋의 사회적 서비스는 그러한 사회 현실에 단단히 뿌리내리고 있는 것이다.

2001~2004년까지 칼리지 서밋의 연간 운영 예산은 해마다 50퍼센트의 성장세를 보였다. 기금이 늘어나는 만큼 혜택을 받는 학생들의 수도 덩달아 증가해 2004년에는 600만 달러로 3500명의 대학 진학을 도왔다. 칼리지 서밋이 이처럼 급성장할 수 있었던 결정적 요인은 물론 저소득층 대학 진학 지원이라는 아이디어가 사회적 호응을 얻어서이지만, 그에 못지않게 중요한 요인은 다양한 단체로부터 운영 자금을 끌어들인 조달 능력이다. 칼리지 서밋은 조직의 확장과 사회적 서비스 확대에 온 역량을 집중했고, 그러한 성장 지향의 운영 방식이 투자자들로부터 '성장 자본(growth capital)'을 끌어들였다. 성장 자본이란 사회적 기업을 운영하는 데 소요되는 예산과는 별개의 것으로,[2] 사회적 기업이 지속 가능한 성장을 하는 과정에서 발생하는 일종의 부채를 가리킨다. 요컨대 보다 많은 사람들에게 사회적 혜택이 돌아가게 하고, 조직의 재무 구조를 개선하기 위해 투자되는 비용이다.

---

2 사회적 기업의 성장 자본에 대해서는 Heiner Baumann, "The growth capital market in the US", *Alliance* Vol. 10-1(2005. 3), p.39 참조.

이처럼 사회적 유익을 확장하기 위해서는 성장이 필요하고, 성장을 하기 위해서는 자본을 어떻게 얼마나 유치할 것인가가 중요하다.

슈람은 1997년에 창업 단계의 사회적 기업을 집중 지원하는 에코잉 그린(Echoing Green)으로부터 2년간 6만 달러를 지원 받았다. 2000년에는 아쇼카의 펠로로 선정되어 3년간 9만~18만 달러를 지원 받기도 했다. 유망 사회적 기업의 발굴과 지원에서 최고의 권위를 인정받고 있는 두 재단의 펠로로 선정되었다는 것은 칼리지 서밋이 성공할 수밖에 없는 이유라고도 볼 수 있다. 칼리지 서밋은 2002년에는 뉴프로핏으로부터 4년간 100만 달러, 2004년에는 스콜 재단으로부터 2년간 30만 달러의 지원을 이끌어 냈다. 그리고 2004년 12월에는 사회적 벤처 캐피털인 벤처 자선 파트너스(VPP)와 손잡고 또 다른 사회적 벤처의 창업을 지원하기에 이르렀다. 창립 10년 만에 성공한 사회적 기업에서 사회적 벤처 캐피털로 성장한 것이다. 머지않아 다른 사회적 기업들도 칼리지 서밋과 비슷한 성장 경로를 따라갈 것으로 전망되고 있다.

성장하는 사회적 벤처 캐피털

물론 6만 6000여 개에 이르는 미국의 공익 재단들이 모두 사회적 기업의 창업과 성장을 지원하는 것은 아니다. 스탠퍼드 대학 경영대학원의 로라 아릴라가(Laura Arrillaga) 교수에 따르면, 2004년에 사회적 벤처 캐피털을 자임하는 재단은 42개에 불과했다. 이들이 사회적 기업에 투자한 자금도 2004년 기준으로 채 1억 달러가 되지 않았다. 수백억 달러에 달하는 미국 대기업들의 자선기금[3]이나 일반 벤처 투자금액에 비하면 새 발의 피인 셈이다. 이것은 일반 벤처에 투자하듯 실적과 성장을 중시하는 시장의 방식으로 사회적 기업을 발굴하고 지원하는 재단이 아직은 소수라는 것을 보여 준다.

하지만 재단의 수나 투자금만 보고 사회적 벤처 캐피털의 영향력을 과소평가하는 것은 곤란하다. 사회적 벤처 캐피털이 발굴하고 엄격한 경영 지도를 한 사회적 벤처가 자활의 궤도를 돌게 되면, 그때부터는 일반 공익 재단의 기부금이 몰리게 된다. 이처럼 사회적 벤처 캐피털의 활동은 사회적 기업에 대한 기존 재단들의 보수적인 입장을 변화시키는 촉매가 되기도 한다.

근래에는 사회적 기업 투자자들의 모임이 미국 곳곳에서 열리고 있다. 2004년 11월에 열린 한 연례 회의에는 각종 재단과 사회적 벤처 캐피털의 대표 200여 명이 참가했다. 이런 모임에는 투자를 유치하려는 사회적 기업의 대표들이 자리를 같이하는 게 보통이다. 서로 의견을 나누고 지원과 투자가 바로 이루어지기도 하는, 이른바 사회적 벤처 박람회와도 같은 분위기이다.

재단의 관계자들은 자선가라기보다는 투자자에 훨씬 가깝다. 이들은 사회적 기업 대표들을 향해 질문을 퍼부으면서 어느 사회적 기업에 투자할 때 보다 큰 사회적 서비스가 가능할지를 저울질한다. 이들의 최대 관심사는 사회적 기업의 성장성과 지속 가능성이다. 또한 이

---

3 기업 자선 장려 위원회(Committee Encouraging Corporate Philanthropy, CECP)에는 미국의 125개 대기업 최고경영자들이 참여하고 있는데, 2005년에 그 중 88개 회원사가 자선단체에 현금과 현물로 기부한 총액은 100억 달러로, 2004년의 76억 달러에 비해 크게 늘어난 금액이다. 참고로 대기업들은 기부금에서 현금과 현물이 1:2 정도의 비율을 이루고 있다. ("Putting a face to human capital", *Financial Times*, 2006. 5. 12.)

들은 참신한 아이디어를 내놓는 사회적 기업에 자금을 투자하는 것에 그치지 않고, 장기적인(최소 3~7년) 관계를 유지하기를 원한다. 때문에 지원한 자금의 운영에 대한 자료를 얼마나 투명하게 공유할 수 있는가, 얼마나 구체적인 성과를 이끌어 낼 수 있는가, 조직을 얼마나 확장할 수 있는가 등을 집중적으로 캐묻는 것이다.

재단은 일단 협력 관계를 맺게 되면 사회적 기업에 대한 재정 지원뿐 아니라 지도자 교육과 네트워크 확대 등의 지원도 아끼지 않는다. 최근에는 재단의 사람을 투자한 사회적 기업의 이사로 앉히는 경우가 늘어나고 있는데, 이런 현상은 그들이 예전의 비영리 단체가 아니라 제4섹터인 새로운 사회적 기업에 투자하기 때문에 발생하는 일이다.

사회적 기업을 발굴하고 창업을 돕는 대표적인 단체로는 앞서 살펴본 아쇼카가 있다. 아쇼카가 창업의 터 닦기가 끝난 사회적 기업의 이륙을 집중적으로 지원한다면, 사회적 벤처 캐피털인 에코잉 그린은 창업 단계에 있는 사회적 기업에 적극 관여한다. 18세기 영국의 시인 윌리엄 블레이크의 시 〈메아리치는 풀밭(The Echoing Green)〉에서 이름을 따온 에코잉 그린은 1987년에 사모펀드 회사인 제너럴 애틀랜틱(General Atlantic)이 기금을 출연해 만든 공익 재단이다.

에코잉 그린은 창업 단계의 사회적 기업을 발굴해 엄격한 벤처 투자 기법을 적용하며 지원하고 있다. 그들이 이렇게 하는 이유는 사회적 기업은 초기 단계에서 가장 많은 지원이 필요하며, 벤처 투자처럼 초기에 투자해야 적은 투자로 대박을 터뜨릴 수 있다는 판단에서이다. 물론 이 재단이 꿈꾸는 대박은 그들이 지원한 사회적 기업이 날로 번창해 사회적 기업이 아니면 하기 힘든 각종 사회적 갈등과 현안을 해결하는 것이다.

에코잉 그린은 해마다 20개 안팎의 사회적 벤처를 펠로로 선정하는데, 지난 20년 동안 40개 나라의 450개 사회적 기업을 발굴해 2500만 달러를 지원했다. 에코잉 그린의 펠로로 선정된 사회적 벤처들이 성장하면서 확보한 기금은 9억 3000만 달러로, 사회적 벤처의 창업에 지원한 금액의 37배가 넘는 투자 성과를 얻은 셈이다. 더구나 펠로로 선정되었던 사회적 벤처의 3분의 2가 살아남았다. 일반 벤처의 생존율이 1퍼센트 안팎인 것에 비하면 대단한 성공인 셈이다.

역사와 전통은 이들에 미치지 못하지만, 최근 떠오르는 사회적 벤처 투자자로 스콜 재단과 드래퍼 리처즈 재단이 있다. 먼저 스콜 재단 (Skoll Foundation)은 온라인 경매 및 쇼핑몰 회사인 이베이의 초대 사장을 지낸 제프리 스콜(Jeffrey Skoll)이 2003년에 2억 5000만 달러어치의 이베이 주식을 출연해 만들었다. 사회적 기업을 지원하는 재단으로는 지원금 규모가 세계에서 가장 크다. 스콜 재단은 해마다 사회적 기업 10개를 선발해 3년간 매해 10만 달러씩을 지원한다. 그러다 보니 스콜 재단에서 사회적 기업 지원금으로 나가는 돈만 해도 한 해에 300

사회적 기업을 연구하는 옥스퍼드 대학 스콜 센터의 포럼 현장

만 달러에 달한다.

인터넷 벤처 신화의 주인공에서 사회적 기업 지원의 큰손으로 변신한 스콜은 영국 옥스퍼드 대학에 거액을 쾌척해 사회적 기업을 연구하는 스콜 센터도 열었다. 스콜은 사회적 기업을 일러 "세상을 보다 나은 곳으로 변화시킬 핵심 동력"이라고 말한다. 그는 스콜 재단의 홈페이지 첫 장에 이렇게 적어 놓았다.

"질병에서 마약, 범죄, 테러에 이르기까지 현대의 사회 문제들 대부분은 가진 자와 못 가진 자, 잘사는 나라와 못사는 나라, 부자 동네와 가난뱅이 동네 같은 불균형에서 비롯된다. 넉넉하지 못한 사람들의 삶이 개선되도록 돕는 것이야말로 부자들이 가장 관심을 기울여야 할 대목이다."

드래퍼 리처즈 재단은 2002년에 벤처 투자로 큰돈을 모은 윌리엄 드래퍼 3세와 로빈 리처즈 도나휴 부부가 사회적 기업의 창업을 지원하기 위해 만들었다. 드래퍼 리처즈 재단은 해마다 창업 단계에 있는 비영리 사회적 기업 6개를 펠로로 선정해 3년 동안 30만 달러를 지원한다. 단, 아무리 훌륭한 아이디어를 갖고 있는 사회적 기업이라 해도 성장을 지향하지 않으면 지원 대상에서 제외한다. 그리고 재단의 인사를 펠로가 된 사회적 기업의 이사회 이사로 참여시킨다. 지원금을 어떻게 사용하는지 감시하기 위한 것이 아니라 사회적 기업에 첨단 경영 기법을 전수하고, 사회적 서비스의 실적을 계량화하는 등의 경영 지도를 하기 위해서이다. 드래퍼 리처즈 재단은 벤처 투자의 귀재가 사회적 벤처 투자자로 전향한 대표적인 사례로 볼 수 있다.

아쇼카나 에코잉 그린, 스콜 재단, 드래퍼 리처즈 재단과는 다른 새

재 단	연간 지원금	중점 분야와 역점 사업	지원 지역	성장 강조점
Ashoka	1.1	제한 없음. 유망 사회적 기업가 발굴, 사회적 기업 이륙 단계로 집중 지원	세계	강조
Common Good Venture	0.5~1	지역공동체 개선, 사회적 기업의 효율 및 지속성 개선을 지원	미국	강조
Draper Richards Foundation	1	제한 없음. 벤처 투자 기법 적용, 사회적 기업 창업 단계로 집중 지원	미국	강조
Echoing Green	1+	제한 없으나 사회적 혁신의 아이디어에 큰 비중을 둠. 사회적 기업 창업 집중 지원	세계	강조
Edna McConnell Clark Foundation	25~27	저소득 젊은 층의 삶의 질 향상	미국	조직 견실화 우선
New Profit Inc.	1.7~2	제한 없음. 사회적 기업에 금융 및 비금융 지원	미국	강조
New Schools Venture Fund	2~8	공교육 개선, 교육 관련 사회적 기업과 지도자 집중 육성	미국	강조
Peninsula Community Foundation/ Center for Venture Philanthropy	60(총액)/ 특정 사회적 기업가에 2~3	지역 공동체 개선, 기부자와 사회적 기업 중개	미국	조직 견실화 우선
Roberts Enterprise Development Fund(REDF)	0.5~1.5	노숙자와 빈곤층 집중 지원	미국	강조
Robin Hood	50+	뉴욕 시 빈곤 문제 해결에 지원	미국	강조
Silicon Valley Social Ventures	0.5	제한 없음. 사회적 기업 조직 강화와 재정 지원	미국	조직 견실화 우선
Skoll Foundation	30(2007년)	제한 없음. 체계적인 사회적 변혁 촉진	세계	사회적 기업별 차등
Social Venture Partners	13	사회적 변혁 위한 개인 자선가 교육, 혁신 사회적 기업 지원	미국	사안별 차등
Venture Philanthropy Partners	1.1~4.4	지역 기반 사회적 기업에 성장 자본과 전략적 지원 제공	미국	강조

* 출처 : Heiner Baumann, "The growth capital market in the US," Alliance Vol. 10-1(2005. 3); 각 재단 홈페이지.

로운 형태의 제4섹터 단체들도 있다. 캘버트 재단을 비롯한 비영리 금융 펀드가 그것이다. 비영리 금융 펀드들은 무이자나 아주 낮은 금리로 사회적 기업에 돈을 빌려 주거나, 좋은 조건으로 종자돈이나 운영 자금을 중개해 주는 등의 일을 한다. 사회적 벤처 캐피털이나 일반 공익 재단들은 사회적 기업에 돈을 투자하고 사회적 유익이 늘어나는 것으로 만족하는 데 비해, 이들은 좋은 조건으로 자금을 중개해 줄 뿐 무상으로 투자하는 건 아니다. 대부분의 사회적 기업이나 비영리 단체들은 회원들의 회비나 기업의 기부금이 예정보다 지연돼 운영비 조달에 차질을 빚는 경우 종종 있는데, 이들은 이때 필요 자금을 융통해 주고 있다. '그라민 방식'의 사회적 기업 투자인 셈이다.

물론 비영리 금융 펀드가 사회적 기업에 장기적으로 독이 될지, 약이 될지를 속단하기는 아직 이르다. 리틀키즈록이나 BELL의 사례에서 보았듯, 영리 기업의 경영 기법이 비영리 사회적 기업에 침투할수록 사회적 서비스의 실적을 계량화하는 데서 이런저런 문제점들이 나타날 수 있기 때문이다. 또한 시장의 실패를 보완하기 위한 제4섹터의 기능이 시장에 압도될 수도 있다는 우려의 소리도 없지 않다.

하지만 새로운 차원의 제4섹터 자체가 아직 창업 단계라는 점을 고려한다면, 벤처 투자 기법으로 사회적 기업에 투자하고 효율 경영을 전수하는 사회적 벤처 캐피털은 제4섹터의 진화를 위해 필요한 존재임에는 틀림없다. 벤처의 성장은 벤처 캐피털이 좌우하듯, 사회적 벤처의 성장도 사회적 창업 투자사의 역량에 달렸다. 게이츠 수수께끼를 풀 열쇠도 결국은 이들이 쥐고 있는 셈이다.

사회적 기업을
육성하는 대학들

대학이 세상의 변화를 이끌지는 못하지만, 그렇다고 세상의 변화에 둔감하지도 않다. 특히 세상의 변화 속도가 빨라지면서 대학도 이전과 비교할 수 없을 정도로 빠르게 변화하고 있다. 세계 유명 대학들이 앞 다투어 사회적 기업을 연구 주제로 삼고 정식 교과로까지 채택하는 발 빠른 움직임을 보이고 있는 것도 한 예이다. 경영학이 학문으로 자리 잡게 된 것은 채 100년이 되지 않는다. 자본주의의 역사를 300년으로 보아도 200년의 시차가 있다. 따라서 '사회적 기업가'라는 개념이 제시된 지 30년, 사회적 기업이 사회 구성의 또 다른 섹터로 본격적으로 떠오르기 시작한 지 10년 안팎이라는 점을 고려할 때, 세계적인 대학들이 이를 공적인 교육과 연구의 장으로 끌어들였다는 것은 의미심장하다.

시민사회의 전통이 뿌리 깊은 미국의 대학들은 사회적 기업에 대한 연구와 적용에 특히 적극적이다. 스탠퍼드 대학과 하버드 대학은 '사회적 기업'을 정식 교과로 채택했고, 듀크 대학과 컬럼비아 대학은 경영대학원에 각각 사회적 기업 촉진 센터(Center for the Advancement of Social Entrepreneurship)와 사회적 기업 프로그램을 개설했다. 존스 홉킨스 대학은 정책 연구소 산하에 시민사회 연구소를 두어 사회적 기업에 대한 연구를 하고 있다. 시민사회로서의 제3섹터에 대한 연구를 하는 대학은 이미 수백여 곳에 달한다. 그리고 영리 기업의 첨단 경영 기법을 연구하고 전수해 온 많은 경영대학원들도 사회적 기업과 제4섹터의 '사회적 유익'에 적극적인 관심을 기울이기 시작했다.

사회적 기업을 '제3의 길'의 주요한 섹터로서 육성하고 있는 영국도 미국 못지않다. 영국의 저명한 진보적 사회학자이자 개혁가인 마이클 영(Michael Young)은 제3섹터의 활동가들에게 기업가적 정신을 교육하기 위해 1997년에 사회적 기업가 학교를 세웠다. 그리고 옥스퍼드 대학의 사이드 경영대학원에는 스콜 재단의 지원을 받아 사회적 기업을 연구하는 스콜 센터가 생겼다.

요컨대 주류 대학들이 사회적 혁신가 양성에 뛰어든 것이자, 지속 가능한 혁명의 한 축을 떠맡은 것이다.

실리콘 밸리를 사회적 혁신의 밸리로

미국 서부 캘리포니아 주의 스탠퍼드 대학은 1960년대에는 반전 운동과 히피 문화의 진앙이었고, 1980년대는 실리콘 밸리로 대표되는 IT 벤처 혁명을 주도했다. 그리고 새 밀레니엄을 맞은 현재는 사회적 기업에 대한 연구·개발(R&D)과 창업 인큐베이팅 센터로서 사회적 혁신의 중심이 되고 있다.

스탠퍼드 대학은 1999년에 '사회적 혁신(social innovation)' 강의를 개설하고 2001년에 정식 교과로 채택했다. 현재 스탠퍼드 대학은 사회적 기업과 사회적 기업가에 대한 강의를 통해 사회적 소명을 강조하는 새로운 형태의 영리 기업과 비영리 단체를 소개, 연구, 실험하고, 나아가 창업까지 지원한다.

스탠퍼드 대학이 자리하고 있는 실리콘 밸리는 새로운 부의 중심이자, 보다 나은 세상을 꿈꾸는 사람들이 꿈을 펼치는 곳이다. 돈 많고 사회 의식이 강한 새로운 기업가들과 기업가적 정신이 결합된 결과였다. 브리지스팬 그룹과 휴렛 재단, 팩커드 재단 등이 이 지역의 사회적 혁신 운동과 비영리 부문에서 중요한 역할을 담당하고 있다. 스탠퍼드 대학은 이러한 지리적 이점을 재빨리 활용해 학부는 물론 경영대학원 학생들이 사회적 기업에 관심을 갖고 참여할 수 있도록 권장했다.

스탠퍼드 대학 경영대학원은 MBA 학생들을 위한 공공관리 프로그

사회적 기업에 대한 연구와 활성화를 논하는
사회적 혁신 센터의 포럼 참여자들

램을 진행하고 사회적 혁신 센터(Center for Social Innovation)를 운영한다. 사회적 혁신 센터는 사회적 혁신에 대한 연구를 진행하고, 회의를 조직하며,『스탠퍼드 사회적 혁신 리뷰』를 발간한다.

기실 사회적 혁신은 대학의 강의를 넘어선 분야이다. 사회적 혁신을 위해 사회적 기업이 해결해야 할 문제는 첩첩하다. 기금 모금에서부터 기금의 운용과 직원, 자원봉사자 모집은 물론, 지역사회가 무엇을 절실하게 필요로 하는지 알아야 하고, 자신들의 활동에 대해 기꺼이 기부해 준 사람들에게 결과물도 내놓아야 한다. 사회적 혁신 센터는 학자들과 이 분야에 경험이 풍부한 사람들을 연결해 사회적 기업가들이 새로운 아이디어를 발굴하고, 이를 보다 효과적으로 적용할 수 있도록 돕는다. 예컨대 브라질에서 PDA를 통해 '보이지 않는 사람'들을 찾아내는 사회적 기업인 모바일 메트릭스를 설립한 멜라니 에드워즈는 이 센터에서 강의도 하고, 사회적 벤처를 창업하려는 학생들에게 실질적인 도움도 준다.

스탠퍼드 대학은 독자적으로 사회적 혁신에 관한 학부 과정을 두고 있으며, 공공정책과 도시 연구 프로그램 등 다양한 커리큘럼을 제공한다. '사회적 기업가 정신' 커리큘럼을 이수한 학생들은 매년 팀을 짜서 비즈니스 모델 경연대회에도 참여하는데, 우승 팀에게는 수천 달러의 상금이 제공된다. 비록 큰돈은 아니지만 이 상금으로 사회적 혁신을 위한 비영리 단체나 사회적 기업을 만들 수도 있다. 경연의 심사는 이 지역의 사회적 기업가들이 맡는다. 이러한 자리를 통해 참가자들과 사회적 기업가들은 서로의 아이디어와 경험을 나누며 끈끈한 인적 네트워크를 구축하게 된다.

학생들의 자발적인 서클 활동도 활발하다. 2002년 학부 학생들에 의해 '미래 사회적 혁신가 네트워크(Future Social Innovators Network)'가 조직되어 공공 부문 전공자와 영리 기업 전공자 사이의 거리를 좁히는 데 일조했으며, 같은 해 사회적 혁신 운동을 지원하는 학생 조직으로서 스탠퍼드 국제개발연합(Stanford Association for International Development)이 창립되어 연례 회의를 여는 등 다양한 학생 행사를 개최하고 있다.

사회적 혁신 센터는 일반 기업과 비영리 기구, 정부, 그리고 학제 간 교류와 협력을 도모하며, 학생들의 사회적 벤처 창업을 적극적으로 지원하고 있다. 실제로 사회적 기업 '디 라이드 디자인'을 세우고, 태양열 충전을 통해 하루 2달러로 값싸게 전등을 켤 수 있는 장치를 개발해 개발도상국의 낙후된 지역에 보급하고 있는 네드 토준은 일찍이 사회적 혁신 센터가 제공하는 학제 간 수업을 통해 전기 공학 전공자의 도움을 얻었다고 한다.

또한 사회적 혁신 센터는 매년 '넷 임팩트(Net Impact)' 회의를 개최한다. 이 회의는 사회적 혁신에 나선 활동가들과 조직을 네트워크로 묶어 주기 위한 행사로, 2005년에는 미국 전역의 경영대학원생 1600명이 운집했다. 이 센터는 해마다 '혁신 서밋(Innovation Summit)'도 열고 있다. 이 서밋에는 사회적 기업가뿐 아니라 학자, 각종 재단 및 사회적 벤처 캐피털 등 제4섹터 관계자들이 대거 참석한다.

이처럼 스탠퍼드 대학은 학생들의 자유로운 아이디어와 영감이 현실을 변화시킬 수 있도록 사회적 벤처의 창업을 돕고, 이들이 다른 사회적 혁신가들과 연결될 수 있도록 지원한다. 스탠퍼드 대학은 실리콘 밸리라는 지리적 이점을 살려 사회적 혁신의 정신을 사회적 유익으로 엮어 내는 제4섹터 네트워크의 거점이 되고 있다.

사회적 기업가를 미국의 주류로 인정하다

2006년 2월, 뉴욕 시에서 차로 한 시간 반 거리에 있는 허드슨 밸리의 유서 깊은 휴양지 모혼크 마운틴에 차세대 스타들이 모였다. 그들은 잘생기지도 멋지게 차려입지도 않았다. 리무진도 레드 카펫도 없었고, 파파라치들의 플래시도 터지지 않았다. 그런데도 이 모임을 주최한 케네디 스쿨의 데이비드 거겐 교수는 이들을 '미국의 떠오르는 스타'라고 불렀다. 이 모임은 바로 촉망 받는 사회적 기업가들의 연례 잔치였다.

하버드 대학은 단순한 대학이 아니라 지도자를 양성하는 곳이라 자처한다. 그래서 일단 하버드 대학에 입학하면 학생들의 생각도 근본적으로 바뀐다고 한다. 단순한 대학생이 아니라 스스로를 미래의 지도자로 여기게 된다는 것이다. 자부심만 갖게 하는 것이 아니라 실제 지도자로서의 덕목을 가르치고, 주류 사회와 이어 주는 다양한 네트워크도 제공한다. 특히 케네디 스쿨로 알려진 공공정책대학원은 정치지망생뿐 아니라 제3섹터 활동가에게도 필수 코스로 자리 잡은 지 오래이다. 케네디 스쿨은 제3섹터 연구의 권위를 바탕으로 제4섹터에 대한 적극적인 관심을 보이고 있다. 사회적 기업을 미국 사회를 이끌어 갈 미래의 주류로 인정한 것이다.

스탠퍼드 대학이 사회적 기업에 대한 연구와 창업 지원을 경영대학원에서 주도한다면, 하버드 대학은 경영대학원도 관여하지만 주축은 공공정책대학원이다. 하버드 대학은 2006년부터 '사회적 기업'을 정식 교과로 채택했다. 케네디 스쿨 산하의 하우저 센터(The Hauser Center)는 사회적 기업의 인큐베이터 역할을 하고, 캐서린 B. 레이놀즈 재단은 이를 지원한다. 언뜻 보면 하우저 센터는 하버드 공부벌레들의 여느 연구소와 크게 다르지 않다. 도서실에서는 책장 넘기는 소리가 들리고, 세미나실에서는 학생과 연구원들의 열띤 토론이 벌어진다. 그러나 이들은 모두 사회적 기업을 어떻게 만들고 어떻게 이루어 갈 것인가에 대해 고민하고 공부한다.

하우저 센터의 고든 블룸(Gordon Bloom) 교수는 "하우저 센터는 사회적 기업의 창업을 이론적·실무적으로 돕는 일종의 창업 보육 센터"라고 말한다. 요컨대 하우저 센터는 영리 벤처의 창업을 지원하듯 사회적 벤처의 창업을 돕는 곳이다. 따라서 강의를 수강하는 학생들은 모두 사업 기획서를 제출해야 한다. 창업 설계를 하는 것으로 수업을 시작하는 셈이다. 한 학생은 장애인들이 인터넷을 통해 정보를 주고받을 수 있는 네트워크 시스템을 제공하는 사회적 기업을 만들겠다는 사업 기획서를, 또 어떤 학생은 정세가 불안한 이스라엘과 팔레스타인의 젊은이들을 위해 상담 전화 서비스를 제공하는 사회적 기업을 만들겠다는 사업 기획서를 내놓는다. 이제 각자의 아이디어를 다듬고, 팀을 짜서 구체적인 실천 계획을 세운다. 그러면서 학생들은 사회적 벤처의 창업 과정을 배우고 익히는 것이다.

이를 위해 하버드 대학은 할 수 있는 모든 인적 자원과 네트워크를 제공한다. 케네디 스쿨 동문이자 사회적 기업의 대부로 불리는 아쇼카의 빌 드레이튼을 비롯해 쟁쟁한 사회적 기업가들을 강단으로 불러들이고, 대학 내 다양한 분야의 연구자들과 교수들을 학제 간 연구 형태로 하우저 센터의 활동에 참여시킨다.

학생들의 사회적 벤처 창업 계획은 구상으로 그치지 않는다. 학생들은 각자의 창업 기획안을 가지고 경연대회를 벌인다. 그리고 여기서 뽑힌 창업 기획안은 실제 창업 실험으로 이어진다. 경연대회가 수여하는 상금이 창업을 위한 종자돈이 되는 것이다.

학생들 또한 예비 사회적 기업가답게 스스로 사회적 혁신을 위한 그들만의 프로그램을 만들어 내고 있다. 예를 들면 학생들 스스로 사회적 기업가를 초청하거나, 대기업들로부터 협찬을 받아 사회적 기업가 기획안 경연대회를 벌이는 등 다양한 활동을 한다.

거겐 교수는 사회적 기업 강의를 수강하는 학생들에게는 '사적인 부'뿐만 아니라 '사회적 부'를 늘리고 창출하는 기업을 세우려는 야심이 있다며, "하버드 대학 경영대학원에서 가장 큰 학생 클럽의 하나가 사회적 기업을 위한 모임"이라고 말한다. 그는 사회적 기업을 '미래의 성장 엔진'이라고 강조한다. 하버드 대학 학생들은 이러한 환경 속에서 사회적 기업을 미래 사회의 주류로 받아들이고, 나아가 보다 나은 세상을 위한 새로운 혁명의 활동가로 교육 받고 있는 것이다.

떠오르는 제4섹터론

2006년 12월, 미국의 수도 워싱턴 DC에서 세계자원연구소(WRI) 주최로 '지속 가능한 기업 회의(SES)'가 열렸다. 미국의 주요 대기업은 물론 각계의 인사들이 머리를 맞대고 지구적 화두로 떠오른 '지속 가능성(sustainability)'에 대해 논의하는 자리였다. 본디 환경 문제에서 시작된 지속 가능성에 대한 논의는 3E, 즉 경제 성장(Economic Growth), 환경보호(Environmental Protection), 사회적 형평(Social Equity)을 아우르는 개념으로 의미가 확장되었다. 1987년에 유엔 세계환경발전위원회는 "미래 세대가 그들의 필요를 스스로 충족할 능력을 저해하지 않으면서 현 세대가 자신의 필요를 충족하는 발전"이 지속 가능한 발전이라고 정의한 바 있다. 요컨대 지금의 경제, 환경, 사회 시스템은 지속 가능하지 않으므로 이를 바로잡을 새로운 길을 찾아야 한다는 것이다.

지속 가능성을 주제로 여러 권의 책을 쓴 칼럼니스트 칼 프랭클(Carl Frankel)도 이 회의에 참가했다. 회의 마지막 날, 그간 논의된 대안들을 발표하는 시간에 회의장 뒷자리에 앉아 있던 프랭클은 불쑥 일어나

큰 소리로 "이 방에 있는 우리 모두는 혁명가들이다."라고 외쳤다. 일순 긴장과 침묵이 회의장을 메웠다. WRI 소장 조너선 래시(Jonathan Lash)는 회의를 마무리하며 "우리는 변화의 대행자들"이라고 했다. 그는 프랭클이 말한 '혁명'을 '변화'로 순화한 것이다.

프랭클은 지속 가능성을 이야기하면서 혁명을 입에 올리기를 거부하는 사람들에게 "지속 가능성이란 세계 경제를 전면적으로 전환하는 거대하고도 급진적인 변화이다. 이것이 혁명이 아니라면 무엇이 혁명이냐."라고 반문한다. 그는 체제 바깥의 폭력적인 힘에 의해 체제가 전복되는 것을 혁명으로 규정하는 것은 지속 가능성을 잘못 이해했거나 부분적으로만 해석한 탓이라고 말한다. 그에 따르면 지속 가능성이란 피의 냄새가 없는 21세기형 혁명이며, 어떻게 하면 폭력 없이 극적인 변화를 이끌어 낼 것인지가 오늘날 혁명가의 과제이다. 그 과제를 '변화'가 아니라 '혁명'으로 받아들이는 혁명가들이 행진에 나섰고, 혁명군도 진용을 갖추기 시작했다는 게 그의 판단이다. 프랭클은 그 혁명군으로 '제4섹터(Fourth Sector)'를 꼽았다.

제4섹터의 부상

2007년 5월, 『뉴욕 타임스』는 "돈도 벌고 세상도 구하는 비즈니스"로 간결하게 정의하며 제4섹터의 부상을 대대적으로 보도했다. 영리와 비영리의 경계를 허무는 사회적 기업뿐 아니라 공공성을 대폭 강화하는 형태의 영리 기업이 새롭게 등장하고 있는데, 이러한 잡종들을 제4섹터로 묶어 공론화할 필요성이 있다는 것이 그 내용이었다. 유대계 미국 사회학자 아미타이 에치오니(Amitai Etzioni)가 공적 관료제(제1섹터 : 정부, 공적 섹터), 민간 기업(제2섹터 : 시장, 사적 섹터)과 더불어 사회 구성의 주요 요소로서 시민사회(비영리 시민단체)를 제3섹터로 규정한 것이 1973년의 일이다. 그로부터 30년 남짓하여 제4섹터에 대한 논의가 대두된 것이다.

제3섹터론이 제1섹터와 시민사회의 새로운 관계에서 비롯되었다면, 제4섹터론은 영리와 비영리로 확연하게 갈라섰던 제2섹터와 제3섹터의 관계에서 진화가 이루어지고 있다는 점에 주목한다. 그것은 기존에 있던 3개 섹터의 역할과 기능에 영향을 미칠 정도로 빠르게 성장하고 있다. 현재 제4섹터론은 두 갈래로 전개되고 있다. 하나는 '공공성의 재구성'이란 거대 전환의 사회 변동의 큰 틀에서 새로운 진화를 보다 정교하게 규정해 사회적 기업 등을 하나의 섹터로 분류하는 이론적인 작업이다. 다른 하나는 현재 활발하게 창업이 이루어지고 있는 사회적 기업은 물론 공공성을 대폭 강화하려는 민간 기업까지 네트워크로 묶어 새로운 진화를 촉진할 수 있는 '사회적 생태계(social ecosystem)'를 구축하려는 구체적인 논의이다.

제4섹터론을 주도하는 대표적인 기관으로는 역사와 권위를 자랑하는 진보적 싱크 탱크인 아스펜 연구소(Aspen Institute)와 노스캐롤라이나 주에 본부를 둔 제4섹터 네트워크(Fourth Sector Network) 등이 있다. 아스펜 연구소의 '사회적 기업과 비영리 시민단체 연구' 분과에서는 지속 가능한 발전이라는 큰 틀에서 제4섹터를 연구하며, 제4섹터 네트워크는 단체의 명칭 그대로 제4섹터의 네트워크화에 팔을 걷어붙였다. 아스펜 연구소는 2006년에 영리와 비영리의 어디에도 속하지 않는 사회적 기업의 법적 지위 문제에 대해 학자들과 사회적 기업 관련 활동가들을 모아 토론회를 개최한 데 이어, 2007년 6월에는 뉴욕에서 '제4섹터 조직을 위한 사회적 자본 시장 창출'이라는 주제로 제4섹터 네트워크, 캘버트 재단 등과 함께 포럼을 열기도 했다. 이 포럼에서는 사회적 기업 투자자 30여 명도 참석해 사회적 기업을 지원하기 위한 사회적 벤처 캐피털 활성화 방안을 모색하는 한편, 논의를 구체화하기 위해 제4섹터 전략 그룹 회의를 정례화하기로 합의했다.

제4섹터 논의에서 눈여겨볼 것은 그 대상이 사회적 기업만이 아니라는 점이다. 제4섹터 네트워크는 제4섹터를 '민간 기업(제2섹터)처럼 시장에서 경쟁하며 영리를 추구하되, 정부(제1섹터)나 시민사회(제3섹터)처럼 공익을 위해 수익을 쓰는 새로운 유형의 기업과 이를 지원하는 각종 조직'으로 규정한다(표 1 참조).

제4섹터론에서 이야기되는 새로운 유형의 기업은 사회성과 기업성 가운데 어디에 무게중심을 두느냐에 따라 다시 두 가지 유형으로 나뉜다. 먼저 사회성에 무게를 둔 유형은 흔히 사회적 기업으로 일컬어지는데, 비영리 단체의 특성을 바탕으로 영리 기업의 방식을 받아들인 경우이다. 요컨대 제3섹터가 제2섹터의 장점을 수용했다고 보는 것이다.

그리고 기업성에 무게를 둔 유형은 영리 기업의 틀을 유지하면서 비영리 단체의 공공성을 우선하는 특성을 강화한 변종 기업들이다. 영리가 아니라 사회적 유익을 추구하는 기업이 제4섹터의 지형에 새롭게 출현하기 시작한 것이다. 이들은 B랩처럼 지속 가능한 발전을 위해 기업의 지배 구조를 혁신하려는 영리 기업을 가리킨다. 제4섹터 네트워크의 히라드 사배티(Heerad Sabati)는 '기업의 사회적 책임(Corporate Social Responsibility, CSR)'이 하면 좋고 안 해도 그만인 선택 사항이 아니라, 기업의 목적이 되도록 제도화해야 한다고 주장한다. 자유주의 시장경제의 모순을 바로잡으려는 영리 기업 중심의 제3의 길이라 할 만하다. 제4섹터는 제2섹터의 이단인 이러한 변종 기업도 사회적 기업과 더불어 끌어안으려 한다.

두 가지 유형의 새로운 기업과 함께 제4섹터의 또 다른 중심축을 이루는 것으로 각종 지원 조직이 있다. 이들은 사회적 기업에 가장 핵심

표 1
제4섹터 개념도

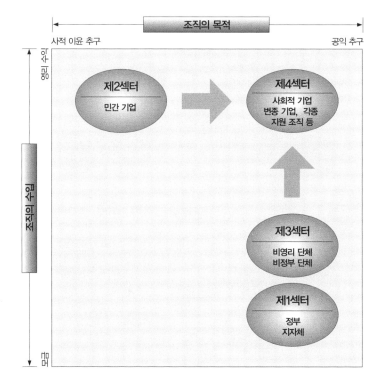

* 출처 : Fourth Sector Network 홈페이지(http://www.fourthsector.org/fourth-sector-diagram.php)

적인 지원, 즉 돈의 흐름을 원활하게 해 주는 일을 한다. 따라서 이들의 관건은 사회적 벤처 창업을 위한 투자는 물론이고, 기업 확장에 필요한 성장 자본을 지원하는 사회적 펀드의 활성화이다. 아스펜 연구소가 사회적 자본 시장의 창설을 논의하는 포럼을 연 취지도 여기에 있다.

또한 제4섹터의 건강한 성장을 위해 투자 가치가 있는 사회적 기업을 가려내는 일종의 신용 평가 기관인 '사회적 스탠더드 앤드 푸어스 (S&P)'를 활성화하고, 사회적 기업을 위한 '사회적 주식 시장'을 만드는 일도 필요하다.

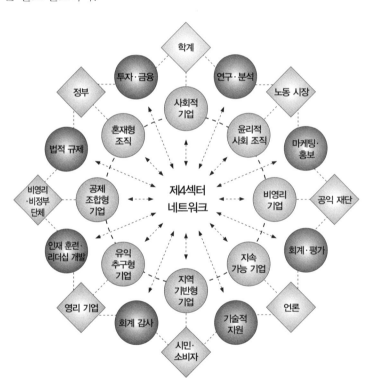

* 출처 : Fourth Sector Network 홈페이지(http://www.fourthsector.org/fsn-diagram.php)

표 2
제4섹터 네트워크 개념도

대학이나 연구소 기관의 지원도 필수적이다. 특히 최근 들어서는 대학들이 사회적 기업에 깊은 관심을 나타내기 시작했다. 1990년대 초 듀크 대학이 경영대학원에 '사회적 기업' 강좌를 처음 개설한 데 이어, 스탠퍼드 대학과 하버드 대학, 영국의 옥스퍼드 대학 등이 '사회적 기업'을 정규 교과로 채택하고, 사회적 벤처 창업 보육 센터도 열었다.

이러한 지원 조직이 제대로 작동하기 위해서는 정부의 역할이 무엇보다 중요하다. 정부는 사회적 기업이나 B기업과 같은 기업에 새롭고도 적절한 법적 지위를 부여해야 한다. 특히 공익을 위한 영리 활동에 대한 과세 문제는 화급한 사안이다. 보통의 영리 기업과 똑같이 세금을 물리는 것은 합리적이지 않지만, 사회적 기업이라는 이유로 일괄 면세하는 것도 과세 원칙에 맞지 않는다. 너무 엄격하게 하면 사회적 기업이 질식할 수 있고, 너무 관대하게 하면 사회적 기업이란 이름으로 탈세를 조장할 개연성이 다분한 까닭이다.

우리나라를 비롯해 이탈리아, 프랑스, 벨기에, 영국 등이 사회적기업육성법을 만들었지만 아직 통일된 기준은 없다. 이런 점에서 제4섹터론은 시사하는 바가 크다. 사회적 기업을 지원하고 육성하기 위한 정책의 적절성 여부는 사회적 생태계를 얼마나 건강하게 구축하는가에 달려 있기 때문이다.

왜 제4섹터인가

기존에 있는 제3섹터의 폭을 넓히면 사회적 기업을 얼마든지 품을 수 있는데 제4섹터를 달리 두는 것은 너무 요란스럽거나 지극히 미국적인 것 아니냐는 제4섹터에 대한 비판이 있다. 실제로 영국을 비롯한 유럽에서는 사회적 기업을 제3섹터 내의 작은 섹터로 분류한다. 하지만 제4섹터를 인정하느냐 마느냐는 단순히 분류 형식의 문제가 아니다. '왜 제4섹터인가'라는 물음은 곧 사회적 기업으로 대표되는 새로운 흐름을 어떻게 볼 것인가의 문제로 이어지기 때문이다.

그렇다면 왜 제4섹터론인가. 우선 제4섹터론은 사회적 기업 등의 새로운 흐름이 기존에 있는 3개 섹터의 울타리를 벗어난 것으로 본다. 즉 정부와 민간 기업, 시민사회가 실패한 사회적 빈틈에서 새로운 해법이 모색되고 있다고 보는 것이다. 제4섹터 활동가들은 자본주의의 활력과 전망을 '누구에게나', '보다 공정한 방식으로', '어떻게' 제공할 것인가에 대해 기존의 섹터들과는 다른 방식으로 고민하고 해결하려 한다. 이들은 제도나 담론, 거액의 자선 행위만으로는 성취하기 힘든 구체적인 삶의 영역에서 출발해 실제 피부에 와 닿는 사회적 유익을 늘림으로써 새로운 구조와 균형을 만들어 내는 방식을 추구한다. 요컨대 제4섹터론은 이러한 흐름을 또 하나의 섹터로 인정함으로써 기존의 섹터들과 보다 나은 세상을 만들기 위한 선의의 경쟁이 촉진될 수 있다고 본다.

진화의 관점에서도 제4섹터를 두는 것이 기존 섹터들의 순수성을 유지하고, 사회적 기업 등과 같은 새로운 흐름의 기능과 역할을 재구성하는 데도 유용할 것으로 기대된다. 거대 전환의 사회 변동을 맞아 섹터의 경계가 흔들리고 있는 것은 사실이지만, 섹터 고유의 기능들이 소멸될 리는 만무하다. 자본의 국경이 무너지고 시장 만능주의가 만연하고는 있지만 국가는 엄존한다. 시장이 커지는 데 비해 정부의 덩치는 작아질지 몰라도 그 역할은 오히려 강화될 수밖에 없다. 사회적 빈틈이 커지고 사회적 기업이 성장한다손 치더라도 사회적 기업이 자원 동원 능력에서 정부나 민간 기업에 견줄 수는 없을 것이며, 시민사회의 다양성을 대체할 수도 없을 것이다.

현 단계에서 분명한 것은 제2섹터와 제3섹터의 접경에서 만들어진 새로운 진화의 흐름이 세력을 넓혀 가고 있으며, 그 흐름이 기존의 섹터에도 영향을 미치기 시작했다는 점이다. 문제는 이 새로운 흐름을 제2섹터나 제3섹터에 뒤섞을 것인가 말 것인가이다.

그런데 B기업의 경우 제2섹터 안에서는 자력 생존을 기대하기 힘들다. 또 사회적 기업이 제3섹터와 섞일 경우에는 기존 시민사회의 순수성을 자칫 오염시킬 수도 있다. 시민사회가 모두 다 사회적 기업으로 바뀔 수도 없을뿐더러 그래서도 안 된다. 동호인 모임도 있어야 하고, 순수 자선단체도 필요하다. BELL처럼 방과 후 공부방을 열어 주는 사회적 기업도 있어야 하지만, 참교육과 공교육 정상화를 위해 피켓을 들고 시위를 하는 시민 활동도 공존해야 한다.

더구나 사회적 기업이 영리 기업의 방식을 끌어들임에 따라 '사회적 소명의 시장화'에 대한 우려도 커지고 있다. 방글라데시의 경우 그라민 은행의 성공 이후 마이크로 크레디트 사업자가 500여 곳에 달한다. 이에 따라 마이크로 크레디트 사업 또한 시장 논리에 따라 덜 가난한 이들에게 돈을 빌려 주며 위험을 회피하는 경향이 나타나고 있다. 따라서 사회적 기업과 제3섹터는 일종의 방화벽을 두고 서로 협력하고 견제하며 경쟁하는 것이 각자의 건강한 발전을 위해 바람직하다.

한국의 현실과 사회적 기업의 정착이란 관점에서도 제4섹터론은 설득력이 있다. 우리의 시민사회 전통은 미국이나 유럽에 비할 바가 못된다. 권위주의의 잔재 또한 그 뿌리가 깊다. 시민사회의 활동은 사회적 빈틈을 메우는 일보다는 저항과 감시라는 사회 운동이 주를 이루었다. 그런 까닭에 우리의 시민사회는 시민사회로서의 다양성과 구체성이라는 측면에서는 부진을 면치 못했다.

최근 들어 사회 양극화와 중산층 붕괴가 빠르게 진행되자 우리의 시민사회는 시민의 삶과 유리되어 '시민 없는 시민단체'로 전락할 위기를 맞아 뒤늦게 자기 혁신을 고민하고, 민간 기업은 이제 겨우 기업의 사회적 책임에 눈을 뜨기 시작했다. 그것이 우리 사회 제3섹터와 제2섹터의 '불편한 진실'이다. 그리고 그 와중에 사회적 기업에 대한 관심이 고개를 들고 있다. 특이한 것은 점점 벌어지는 사회의 빈틈을 메워 보려는 관심이 정책적 차원에서 주도되고 있다는 점이다. 그 이유는 우리가 유럽처럼 국가의 사회복지 기능이 탄탄하지도 않고, 미국처럼 국가를 대신해 봉사와 자선으로 사회의 빈틈을 메워 온 시민사회의 자발적인 힘도 축적되지 않았기 때문이다.

건강한 제4섹터를 형성하기 위해 결코 간과하지 말아야 할 기본 중의 기본은 사회적 기업가의 혁신성과 자발성이 사회적 기업의 알파이자 오메가라는 점이다. 따라서 사회적 기업의 육성은 사회적 기업가가 사회적 혁신의 열정과 창의성을 맘껏 발휘할 수 있는 환경을 만들어 주는 데서부터 출발하는 것이 옳은 수순이다. 사회적 기업을 지원하기에 앞서 사회적 벤처가 자유롭게 생겨날 수 있도록 해야 하는 것이다.

저마다의 구체적인 현실에 발을 딛고 있는 사회적 기업과 관련해 어떤 나라의 제도가 베낄 만한지를 저울질하는 것은 실로 부질없는 일이지만, 뒤늦게 쫓아가야 하는 입장임을 감안한다면 사회적 벤처와 사회적 생태계의 관점에서 사회적 기업에 접근하는 미국식 제4섹터론을 눈여겨볼 필요가 있겠다. 물론 어느 세월에 미국과 같은 시민사회 인프라를 구축하겠냐는 의문이 드는 것은 어쩔 수 없다. 그러나 당장 사회적 일자리 몇 개 늘리자고 근시안적으로 사회적 기업을 육성하는 것은 효과도 의심스러울뿐더러 자칫 자발성이 요구되는 사회적 벤처의 창업을 방해할 수도 있다. 지난날의 벤처 정책 실패의 전철을 밟지 않으려면 제4섹터의 생태계적 접근이 요구된다고 하겠다.